国学启智课

智慧

余亚斐 ——— 编著

全国百佳图书出版单位
时代出版传媒股份有限公司
安徽人民出版社

图书在版编目（CIP）数据

国学启智课·智慧／余亚斐编著.—合肥：安徽人民出版社，2019.4

ISBN 978－7－212－10498－6

Ⅰ.①国…　Ⅱ.①余…　Ⅲ.①国学–青少年读物　Ⅳ.①Z126–49

中国版本图书馆 CIP 数据核字（2019）第 063227 号

国学启智课·智慧

余亚斐　编著

出 版 人：徐　敏　　　　出版统筹：徐佩和　　　　责任印制：董　亮

责任编辑：李　莉　肖　琴　　　　　　　　　　　装帧设计：宋文岚

出版发行：时代出版传媒股份有限公司 http://www.press-mart.com

安徽人民出版社 http://www.ahpeople.com

合肥市政务文化新区翡翠路 1118 号出版传媒广场八楼

邮编：230071

营销部电话：0551-63533258　0551-63533292（传真）

印　　刷：合肥华云印务有限公司

开本：710mm×1010mm　　1/16　　印张：10　　字数：160 千

版次：2019 年 4 月第 1 版　　2020 年 7 月第 2 次印刷

ISBN 978－7－212－10498－6　　　　定价：32.00 元

导读

习近平总书记说:"博大精深的中华优秀传统文化是我们在世界文化激荡中站住脚跟的根基。"他还在文艺工作座谈会上提出"要结合新的时代条件传承和弘扬中华优秀传统文化"。开展国学教育是传承和弘扬中华优秀传统文化的重要途径。

国学的产生距离今天已经久远,时代变了,社会状况、思想文化要求以及人们的行为习惯也都发生了巨大变化。所以,今天的人们在面对浩如烟海的国学典籍时,经常面临着如何走进国学、鉴别国学和学习国学的难题。《国学启智课》这套书正是在反思、回应这些难题。作者从事国学教学、研究多年,深知国学学习的要点和难点,精心编写了此套简明易学、一看就懂的国学丛书,帮助读者深入经典、启发智慧、涵养性情、完善人格。

全文译注,扫清障碍。大多数的国学典籍由文言写成,文言所使用的字义基本是汉语的原初意义,随着时间的推移,汉字的意义在不断引申和延展,很多与现代汉语已经大相径庭。现代人读起古文来,自然会产生陌生感,又容易望文生义,做出错误的理解,所以,我们初学国学,需要借助一定的注释和翻译。《国学启智课》为每一篇古文配有译文,对古文中的难字都加上了拼音和注释,为读者走进国学扫清文字上的障碍。

回归经典,关照现实。中国历史悠久,每一个时期都产生大量的典籍,有些国学典籍中的思想内容可以跨越时空的距离,在今天仍然发挥着积极作用,还有一些则已经不再适用于当代社会生活,甚至相违背,所以,学习国学,需要以理性的态度对国学典籍加以鉴别和选择。《国学启智课》以国学经典为基点,以当代精神为视域,从国学经典中挑选出两百余篇古文,力图在回归经典的同时,关照现实,做到经世致用。

经史子集,多元开放。国学是丰富而多元的,既有经学的道德智慧、诸子的多元思想,还有厚重而不失趣味的历史记载、优美而动人心弦的诗词歌赋,国学正是在百家争鸣、百花齐放中散发着格外的魅力。由此,《国学启智课》根据传统典籍经、史、子、集四部分类法,将全书分为德行、史事、智慧和诗赋四卷,以开放多元的视角,全面展现国学的思想内容。

转识成智,身心和谐。国学是知识,更是智慧。学习国学,不仅仅是掌握古文的字义、熟读古代文献、了解历史常识,更应当在知识的学习中提升人生的修养与智慧。如果只做知识上的表面文章,学习国学便是舍本求末了,所以我们还需要努力地化知识为德性,化理论为智慧,让传统文化活在当下,服务现实的人生,促进身心和谐,达到人生的幸福。

目录

第 一 课

七岁王戎

王戎（音 róng）七岁，尝（曾经）与诸（众，许多）小儿游。看道边李树多子折枝，诸儿竞走（奔跑）取之，唯戎不动。人问之，答曰："树在道边而多子，此必苦李。"取之信然（确实）。

魏明帝于宣武场上断虎爪牙（动物的尖爪和利牙。爪：音 zhǎo），纵（放任，不拘束）百姓观之。王戎七岁，亦往看。虎承间（趁机）攀栏而吼，其声震地，观者无不辟易（退避。辟：同"避"，躲开）颠仆，戎湛然（平静淡泊的样子。湛：音 zhàn）不动，了无（一点儿也没有）恐色。

译 文

王戎七岁的时候，有一次和小朋友们一起出去游玩。看见路边的李树上挂着许多李子，李子压弯了树枝，小朋友们争先恐后地跑去摘李子，只有王戎站着不动。别人问他怎么不去摘，王戎回答道："这棵李树长在路边，却有这么多李子，一定是苦的。"这个人尝了一口，果然是苦的。

魏明帝在宣武场上放着一只老虎，老虎被关在笼子里，爪牙都被包上了，随便让百姓观看。王戎当时七岁,也去观看。老虎趁机攀住栅栏大吼,吼声震天动地,围观的人都吓得赶忙躲避,跌倒在地。王戎却非常平静,一动不动,神色自如,看不出一点害怕的样子。

理 解

本篇出自《世说新语·雅量》,讲述了王戎七岁时发生的故事,反映了少年王戎非凡的智慧与定力。李树长在路边,树上的李子又大又多,人来人往却无人采摘,如果善于观察和思考就会知道,李子一定是苦的,否则一定被人摘光了。老虎虽然被关在笼子里,但是老虎的威风仍在,王戎虽然七岁,却显示出他非凡的定力。

一个人在说话和做事之前,要多观察和思考,这样才能提高自己的智慧。还要多修养自己的心性,多节制自己的情绪,平心静气,这样才能提升自己的定力。

国 学 常 识

1.王戎:西晋时的名士,"竹林七贤"之一,以品评和识鉴而著称。

2.魏明帝:曹叡(ruì),曹操的孙子,曹丕的长子,三国时期曹魏的第二位皇帝。

3.《世说新语》:南朝刘义庆所作,主要记载汉末、三国、两晋士大夫遗闻轶事。

昔(同"夕",夜晚)者庄周梦为蝴蝶,栩栩(自得的样子。栩:音 xǔ)然蝴蝶也。自喻(明白)适志(舒适自得)与(同"欤",语气助词,表示感叹),不知周也。俄然(忽然)觉,则蘧蘧(惊慌。蘧:音 qú)然周也。不知周之梦为蝴蝶与,蝴蝶之梦为周与?周与蝴蝶,则必有分矣。此之谓物化。

译 文

　　昨晚,庄子梦见自己变成了蝴蝶,它飞舞得轻快自如。庄子觉得快乐极了,竟然忘记了自己是庄子。突然从梦中醒来,才惊觉自己原来是庄子,而不是蝴蝶。不知道是庄子做梦变成蝴蝶了呢,还是蝴蝶做梦变成了庄子呢?庄子与蝴蝶,明明是有分别的啊。这就是"物化"。

理 解

　　本篇选自《庄子·齐物论》，其中，庄子提出了一个非常重要的思想，就是"物化"。物化，是与万物同化、万物一体的意思。万物又称为万有，之所以称为万物、万有，说明事物与事物之间千差万别，世界上找不出两片同样的树叶。但是，万物在由生到死、由死到生的过程中，又相互转化，就好像养分让植物生出嫩芽，嫩芽变成枯叶，枯叶又化为养分，养分又化成嫩芽。所以，万物之间又没有根本的差别。万物在相互转化中既有分别，又没有分别，这就叫"物化"。

国 学 常 识

　　1.《庄子》：又名《南华经》，是先秦道家的重要代表著作，书中主要阐述了庄子的思想。

　　2.庄子：姓庄，名周，战国时期宋国人。继老子之后，庄子是道家最重要的代表人物，中国著名的思想家、哲学家和文学家。

第 三 课
从沤鸟游

　　海上之人有好沤(通"鸥",鸥鸟)鸟者,每旦(早晨)之海上,从(跟随,跟从)沤鸟游,沤鸟之至(来到)者百住(同"数")而不止。其父曰:"吾闻沤鸟皆从汝(你)游,汝取来,吾玩之。"明日之海上,沤鸟舞而不下也。故曰:至言去言,至为无为。齐(等同)智之所知,则浅矣。

译 文

　　在大海边上,有一位喜欢海鸥的人,每天早晨,他都会划船到海上,与海鸥玩耍,飞来的海鸥上百只都不止。他的父亲说:"我听说海鸥喜欢与你一同玩耍,你捉几只来,也给我玩玩。"第二天,他又来到了海上,结果海鸥只在空中盘旋,没有一只肯飞下来。所以说:最高境界的言论是摈弃妄言,最高境界的行为是不去妄为。用自己所知的有限知识去等同智慧,一定是浅薄的。

理 解

　　此节出自《列子·黄帝》篇,讲述了一位喜欢海鸥的人,由于产生了心机去妄为,遭到海鸥厌恶的故事。

　　每一个人说话、做事,都有自己的想法、观念,但是,相对于宇宙大全的"道"而言,人们任何当下的想法、观念都是有限的,如果人们将自己的想法等同于真理,便会自以为是,陷入妄想,导致妄为。所以,只有懂得放下自我、超越自我,人们才有可能接近真理。为此,我们的想法和观念一定要顺应事物的本性,我们的行为也一定要符合事物的规律。违反事物本性的想法和观念,就叫妄想;背离事物规律的行为,就叫妄为。妄想与妄为,都是小聪明,而不是真正的智慧。道家认为,顺应事物本性和规律的最好方法,就是放下自我心中的一切计较,天真无邪,自然而然。

国 学 常 识

　　1.《列子》:又名《冲虚真经》,是战国时期的思想家列子及其弟子所写的一本书。列子属于道家学派,《列子》是先秦道家思想的代表作。

第 四 课
鲁君养鸟

　　昔者有鸟止于鲁郊，鲁君说(通"悦"，高兴，音 yuè)之，为具太牢以飨(用酒食款待，音 xiǎng)之，奏《九韶(音 sháo)》以乐之。鸟乃始忧悲眩(迷惑，音 xuàn)视，不敢饮食。此之谓以己养养鸟也。若夫以鸟养养鸟者，宜栖之深林，浮之江湖，食之以委蛇(形容从容自得、顺应本性的样子)，则平陆(平坦的陆地，人适合生活在平陆之上，这里形容从容自得的生活状态)而已矣。

译 文

　　从前有一只鸟飞到鲁国郊外停留，鲁国君王很喜欢它，就抓来拿国家祭祀用的牛、羊、猪来款待它，让人演奏《九韶》使它快乐。但这只鸟忧愁悲痛，两眼迷惑，不敢吃也不敢喝。这是用养人的方法来养鸟。如果用养鸟的方法去养鸟，就应该让鸟回到深林之中栖息，漫游在江湖之上，从容自得地捕食，养鸟就好像让人生活在平坦的陆路上，从容自得而已。

理　解

此篇出自《庄子·达生》，通过鲁君养鸟的故事来阐述生命应该从容自得的道理。鲁君以养人的方式来养鸟，没有以养鸟的方式来养鸟，没有尊重鸟的本性，所以鸟并不快乐。

人们对待他人、他物，或者对待自己，常常自以为是，不能顺应本性，反而逆着本性、天性而为，所以自己活得辛苦，也让他人受累。背离了事物的本性，勉强而不能从容，事业的发展也难以持久。庄子认为，万物生来自有天性、本性，生命应当顺其自然赋予的本性，尊重天性，找到适合自己的生活方式和事业目标，才能保存真性，生命才能怡然自得。

国 学 常 识

1.太牢：古代帝王祭祀社稷时所用的牺牲，牛、羊、猪三牲全备就称为"太牢"。牺牲在行祭前先饲养在牢中，所以把祭祀用的牺牲称为"牢"。根据牺牲搭配种类和祭祀规格的不同，分为太牢和少牢，少牢只有羊和猪，没有牛，太牢则全备。

2.《九韶》：古代音乐名，简称《韶》，舜时所作，周朝雅乐之一。

第 五 课
呼航济水

昔者，公孙龙在赵之时，谓弟子曰："人而无能者，龙不能与游。"有客衣裼(粗布衣，音 hè)带索(绳子)而见曰："臣能呼。"公孙龙顾谓弟子曰："门下故有能呼者乎？"对曰："无有。"公孙龙曰："与之弟子之籍(登记隶属关系的簿册)。"后数日，往说(游说，用话劝说别人，使其听从自己的意见，音 shuì)燕王。至于河上，而航(船)在一汜(水边，岸边，音 sì)，使善呼者呼之。一呼而航来。故曰：圣人之处世，不逆(抵触，舍弃)有伎(通"技"，技艺，本领，音 jì)能之士。

译 文

从前，公孙龙在赵国时，对弟子们说："一个人如果没有一技之长，我便不与他交往。"这时，有位身穿粗布上衣、腰间系着绳子的客人来见公孙龙，说："我能大声呼喊。"公孙龙回头问弟子："你们有能大声呼喊的吗？"弟子们回答道："没有。"于是，公孙龙说："让这位客人成为我的门下弟子吧。"几天之后，公孙龙带着弟子们前往燕国游说燕王。到了黄河边，看到渡船在河对岸，公孙龙便叫那位擅长大声呼喊的弟子来呼喊渡船。那人一呼喊,渡船便划了过来。所以说:圣人处在人世间,不舍弃任何一位有一技之长的人。

理 解

此篇出自《淮南子·道应训》,讲述了公孙龙招收了一名擅长呼喊的弟子并终有所用的故事,反映了公孙龙对待人才的独特看法。

古人说:天生我材必有用,每个人都能成为一名有才能的人。人与人不同,不必一味求同,只要根据自己的特点,发挥自己的特长,都能在这个世界中找到自己的位置,发挥自己的作用。同样,我们评价他人,也不能以自我为标准,判断一个事物的价值,也不能局限于一时之用,而要以更加开放和多元的态度来对待事物。

国学常识

1.公孙龙:战国时期思想家,赵国人,名家学派的重要代表人物,著作有《公孙龙子》,提出"白马非马"等哲学命题。

2.呼航济水:成语,比喻嗓音洪亮。

3.《淮南子》:又名《淮南鸿烈》,是西汉淮南王刘安及其门客集体编写的一部思想巨著。

第 六 课
揠苗助长

宋人有闵(古同"悯",忧虑,音mǐn)其苗之不长而揠(拔,音yà)之者,芒芒(疲惫的样子)然归,谓其人曰:"今日病(疲倦)矣!予(我)助苗长矣!"其子趋(快走)而往视之,苗则槁(枯木,音gǎo)矣。孟子曰:"天下之不助长者寡矣。以为无益而舍之者,不耘(除草)苗者也;助之长者,揠苗者也——非徒(不仅)无益,而又害之。"

宋国有一个人,担心禾苗生长不快而帮它拔高,疲惫地回家,对家人说:"今天累坏了!我在帮禾苗生长!"他儿子赶紧跑去一看,禾苗都枯萎了。孟子说:"天下不帮助禾苗生长的人太少了。一些人以为工作没用,于是就不去作为,这些是不锄草的懒汉;还有一些人揠苗助长,非但对禾苗没有好处,反而有害。"

理 解

　　此篇出自《孟子·公孙丑上》,是成语揠苗助长的出处。孟子认为,做好任何一件事情,既需要付出辛勤的努力,又必须符合事物的发展规律,两者缺一不可。没有努力,事情不能自动成功;违背了规律,结果会适得其反,徒劳无功。道德培养也是如此,既要主动养成和发挥仁爱之心,又不可刻意而为,如果仁爱之心被功利性和目的性驱动,就好像揠苗助长一样,非但对道德养成无利,反而有害。

国 学 常 识

　　1.揠苗助长:成语,又叫拔苗助长,比喻急于求成,反而坏了事。

　　2.孟子:名轲,战国时期的思想家,儒家学派的重要代表人物,被尊为"亚圣"。孟子的思想主要体现在《孟子》一书中。

第 七 课

返璞归真

五色令人目盲,五音令人耳聋,五味令人口爽(败坏),驰骋田猎(狩猎,打猎),令人心发狂,难得之货,令人行妨。是以(所以,因此)圣人为腹,不为目。故去彼取此。

绝圣弃智,民利百倍。绝仁弃义,民复孝慈。绝巧弃利,盗贼无有。此三者以为文(修饰,造作)不足,故令有所属。见素(丝不染色)抱朴(木不加工),少私寡欲,绝学无忧。

道(宇宙规则)常无为而无不为。侯王(诸侯与天子,泛指国君)若能守之,万物将自化。化而欲作,吾将镇(安定)之以无名之朴;镇之以无名之朴,夫亦将无欲。无欲以静,天下将自定。

 译 文

眼睛看了太艳丽的色彩,会让人眼花缭乱;耳朵听了太嘈杂的声音,就听不到细微的声音;嘴巴吃了口味太重的食物,就品尝不出平淡的味道;驰骋于野外打猎,人的心绪就会异常兴奋,不能思考问题;身上带着贵重物品,就会妨碍行动。所以,圣人所追求的是一个人的内在修养,保持心灵的宁静,而不去追求外在财富和感官的刺激、享乐。

　　断绝聪明与巧智,人民能得到百倍的利益。摈弃名义上的仁义,人民才能回复到本来就有的孝慈。抛弃取巧与功利的心,盗贼才能从根本上消除。圣智、仁义、巧利这三样修饰,是不足以治理好社会的,所以要用另外一套方法来治理。那就是让人民保持本来的状态,不去激发人们的私欲,放下各自知识的偏见,这样就没有忧患了。

　　宇宙的规则常常看起来不发挥作用,其实却无处不在发挥作用。国君如果能做到这样,世界万物自然而然地就会按照规则变化运动。当万物按照规则变化运动时,如果有人要运用自己的聪明干涉规则,我将用不带有任何功名的朴素本真使其安定;用不带有任何功名的朴素本真使其安定,心灵就能没有欲念和妄想。没有了欲望和妄想,就能保持宁静,这样天下自然就安定了。

理 解

　　此节出自《道德经》。《道德经》是老子思想的集中表现,是道家与道教的根本经典。道家以求真为目标,老子认为,一个人如果想真实地认识世界与自我,首先要保持心灵的澄明,心灵的澄明需要心灵的宁静,心灵的宁静又需要摈弃过度的外在干扰,而名、利、偏见则是干扰心灵的主要因素。所以,一个人要让心灵保持素朴、恬淡,才能追求到真实。文中的"腹"比喻内在的心灵,"目"比喻来自外在的名与利以及由此生发出的欲望。

　　个人的修养是这样,社会的管理也同样如此。老子认为,社会的治理应该效仿天地之道,宇宙天地本有规则和秩序,万物都自然而然地遵循着这个秩序,但是,人常常自以为是地去干扰和打乱这个规则,所以管理者必须放下自己的主观见解,也要引导人们去除心中的妄想,让社会像自然一样遵循大道。

国学常识

1.五色：青、黄、赤、白、黑。

2.五音：宫、商、角、徵(zhǐ)、羽。

3.五味：酸、苦、甘、辛、咸。

4.老子：姓李，名耳，字伯阳，春秋时期思想家，道家创始人。

第 八 课
无为而治

不尚贤,使民不争;不贵难得之货,使民不为盗;不见可欲,使民心不乱。是以(所以)圣人之治,虚其心,实其腹(比喻人的内心),弱其志,强其骨,常使民无知(通"智",小聪明,算计)无欲,使夫智者不敢为也。为无为,则无不治。

古之善为道者,微妙玄通(与天相通,形容深奥。玄:天),深不可识。夫唯不可识,故强(勉强,音qiǎng)为之容。豫(谨慎)兮若冬涉川,犹(迟疑)兮若畏四邻,俨(庄重,音yǎn)兮其若客,涣(消散,形容随和)兮若冰之将释,敦(敦厚)兮其若朴,旷(广大)兮其若谷,浑(混沌)兮其若浊。孰能浊以静之徐(慢慢地)清,孰能安以动之徐生?保此道者不欲盈。夫唯不盈,故能蔽不新成。

 译 文

不去刻意地树立贤与愚的标准,人民就不会有争夺之心;不去人为地区分物品的贵重与低贱,人民就不会贪婪为盗;不去刺激人们的欲望,民心就不会混乱。所

以圣人治理社会,除去人心中的贪欲,充实人的内心,平和人的情志,巩固人的筋骨,常使人不去计谋,没有贪欲,使小聪明的人不敢胡作非为。人们不去造作妄为,社会自然就得到了治理。

古时候得道的人,玄妙深奥,难以认识。因为难以认识,所以勉强地加以形容。他谨慎啊就好像冬天过冰川,迟疑啊就好像身处强大的四邻包围之中,庄重啊好像到别人家里做客,随和啊好像冰将融化,敦厚啊好像没有任何修饰,广大啊好像是山谷,混沌啊好像水混浊不清。谁能在一片混浊之中漫漫沉静下来,谁能在一片死寂之中慢慢兴起? 保持这种道的人,不会自满,因为不自满,所以心灵不受遮蔽,而日新月异。

理 解

这两段话节选自《道德经》,表达了老子无为而治的思想。

无为而治,不是消极不作为,更不是说无所作为,社会就能得到善治。无为,是不造作、不妄为的意思。老子认为,人与其他事物不同,人有心,心可以使人明道,而人又容易滥用自己的心而胡作非为,所以,无为就是去除人们内心中的偏见、过度的欲望与各种违背规律的想法,让内心平静下来,回归正常。心灵正常了,欲望安宁了,人们的行动就能符合世界的秩序,社会自然就能得到善治。

无为而治不仅体现在社会治理方面,还能指导人们处理与自然的关系。老子认为,这个世界本来就具有秩序,顺应这个秩序就能生存,违背了这个秩序就会自取灭亡,所以人们必须敬畏这个秩序。在世界的秩序面前,人要谨慎小心,若冬涉川、若畏四邻;人要放下自我,不以自我为世界的中心,若客、若冰之将释;人要敦厚、包容,不自以为是,若朴、若谷、若浊。这样,人们就能顺应自然,随着自然的运动而发展。

国学常识

1.道家:中国古代的思想流派,诸子百家之一,由老子开创,主张无为而治、道法自然、虚静恬淡。道家思想对中国社会状况与中国人的性格、智慧产生了重要影响。

第 九 课
王子贵生

越人三世杀其君,王子搜患之,逃乎丹穴(古代修道人炼丹的山洞)。越国无君,求王子搜而不得,从之丹穴。王子搜不肯出,越人薰之以艾(艾草,多年生草本植物,可以供针灸使用),乘之以王舆(马车,音yú)。王子搜援(拉,引)绥(登车时手挽的绳索,音suí)登车,仰天而呼曰:"君乎! 独不可以舍我乎!"王子搜非恶(厌恶,音wù)为君也,恶为君之患也。若王子搜者,可谓不以国伤其生矣,此固越人之所欲得而为君也。

译 文

越国的君王连续三任都被人刺杀了,王子搜害怕当君王,于是逃到了山洞里。越国没有了君王,也找不到王子搜,最后在山洞里发现了他。王子搜不愿意离开山洞,于是越人就用艾草将王子搜熏了出来,并让他乘坐君王的马车。王子搜拉着绳子登上马车,仰天长叹,说:"非得要当君王啊! 为什么就不能舍弃我呢?"王子搜并不是厌恶当君王,而是厌恶当君王所带来的祸害。像王子搜这样的人,不因为拥有国家而伤害自己的生命,这也是越人想找到他,并让他当君王的原因。

理　解

本篇出自《吕氏春秋·仲春纪·贵生》,讲述了越国王子搜为了保存生命,宁愿放弃王权的故事。王子搜的行为是道家贵生思想的体现,贵生就是看重生命,把保存、延续生命看作高于一切,凡是对生命有害的事物,不管自己有多么喜欢,有多么重要、多么崇高,都加以反对。道家认为,人们都喜欢各种享乐,但是许多享乐虽然满足了自己的欲望,却对自己的生命有害,人们都希望拥有权力,但是权力越大,风险也就越大,人们在追求权力、满足欲望的同时,有时却害了自己。所以,道家主张一个人要清心寡欲、简单生活。

国 学 常 识

1.《吕氏春秋》:秦国丞相吕不韦集合门客编撰的一部著作,博采众家学说,思想杂多,有儒家、道家、法家、墨家、兵家等,主旨思想是道家。

第 十 课
不材与材

　　庄子行于山中,见大木,枝叶盛茂,伐木者止其旁而不取也。问其故,曰:"无所可用。"庄子曰:"此木以不材得终其天年(自然的寿命)。"

　　夫子出于山,舍(住宿,音 shè)于故人(老朋友)之家。故人喜,命竖子(童仆)杀雁而烹之。竖子请曰:"其一能鸣,其一不能鸣,请奚(疑问代词,相当于"何")杀?"主人曰:"杀不能鸣者。"

　　明日,弟子问于庄子曰:"昨日山中之木,以不材得终其天年;今主人之雁,以不材死。先生将何处?"庄子笑曰:"周将处乎材与不材之间? 材与不材之间,似之而非也,故未免乎累(忧患,祸害,音 lèi)。若夫乘(顺应)道德而浮游则不然。无誉无訾(毁谤,非议,音 zǐ),一龙一蛇(比喻伸与屈、进与退,与后文"一上一下"意思相同),与时俱化,而无肯专为;一上一下,以和(人对天地自然的顺应)为量(标准,原则),浮游乎万物之祖(先,本原,这里指天地万物尚未形成之前的宇宙混沌未分状态),物(动词,役使)物而不物于物,则胡可得而累邪! 此神农、黄帝之法则也。若夫万物之情,人伦之传(变化)则不然。合则离,成则毁,廉则挫,尊则议,有为则亏,贤则谋,不肖(不贤,无才能。肖:音

xiào)则欺,胡可得而必乎哉! 悲夫! 弟子志(记在心里)之,其唯道德之乡乎!"

译文

庄子在山中行走,看见一棵大树,枝叶茂盛,伐木的人停在这棵大树旁却不砍伐。庄子问他原因,伐木人回答说:"这棵树没有什么用处。"庄子说:"这棵树因为不是良材,没有用,所以能享尽天然的寿命。"

庄子从山中出来,住在朋友的家中。朋友很高兴,让童仆杀一只雁做成菜肴。童仆问道:"一只会鸣叫,一只不会鸣叫,请问杀哪一只?"主人说:"杀不会鸣叫的。"

第二天,弟子问庄子说:"昨天山中的大树,因为不是良材而享尽天然的寿命;今天这家主人养的雁,因为不能鸣叫却被杀死。老师将如何自处呢?"庄子笑着说:"我将处在有用与无用之间?处在有用与无用之间,看起来对,其实又不对,仍然不能免除祸患。如果能顺应天地自然而遨游在其中就不会这样了。既不去追求美誉,也不去招来毁谤,屈伸不定,随时变化,不固执于一端;能进能退,以顺应自然为原则,遨游于天地未分的混沌状态,役使事物,而不被事物所役使,又怎么会受到连累呢! 这是神农与黄帝的处世法则。至于万物的情状与世间人伦的变化则不是这样。相聚必然有分离,成功必然有毁弃,有操守必然会受到挫伤,地位尊贵必然会招来非议,有所作为必然会有所放弃,人有贤能的名声必然会遭到别人的谋算,而没有能力又必然会遭受他人的欺辱,所以怎么可以固执于一端呢! 可悲啊! 弟子们要记住,只有顺应天地自然之道,才能免于世间的连累。"

理解

本篇出自《庄子·山木》篇,讲述了两则意义相反的故事,涉及的问题是有材好,还是不材好。有材是指对他人有用,不材是指对他人没有用。在第一则故事中,大树因为无材,所以不被砍伐,安享天年;但在第二则故事中,大雁因为无材,被主人杀害,做成了美餐。那么到底是有材好,还是不材好呢?

庄子为我们讲述了这两个故事,发人深省。人们常常只见有材、有用好,却不见自己的才能有时也会成为自己的拖累。但是不材就一定好吗? 如果因此而不学无术,自甘堕落,做一个没有才能的人,也会被社会所抛弃,无法生存。庄子告诉我们,要想成为一个真正自由的人,就不要总是想着对谁有用,或对谁无用,因为此时有用,彼时可能就无用了,对这个人有用,对那个人可能又无用了。所以,一个人要抛弃有用或无用的束缚和偏见,不要让人生有太多的目的性和功利性,这样才能悠然闲适地生活。

国学常识

1.雁默先烹:这个成语出自此处,字面的意思是大雁不会鸣叫,所以先被煮杀,比喻没有才能的人先被淘汰。

2.道德:道家所讲的道德与今天通常所讲的道德伦理规范不同。“道”为天地自然之道,“德”为人按照天地自然之道安排自己的生活。老子《道德经》中的“道”与“德”就类似这个意思。

第十一课
四时养生

　　春三月(农历正、二、三月)，此谓发陈(复苏，推陈出新)。天地俱生，万物以荣(兴盛)。夜卧早起，广(多)步于庭。被(同"披"，音pī)发缓形，以使志生。生而勿杀(消减)，予而勿夺，赏而勿罚。此春气之应，养生之道也。逆之则伤肝，夏为寒变(寒性疾病的总称，如受寒着凉)，奉长(生长，音zhǎng)者少。

　　夏三月(农历四、五、六月)，此谓蕃(通"繁"，茂盛)秀。天地气交，万物华(同"花")实。夜卧早起，无厌于日。使志无怒，使华英(形容心情像花一般绽放。英：花)成秀。使气得泄，若所爱在外。此夏气之应，养长之道也。逆之则伤心，秋为痎疟(疟疾的通称。痎：音jiē。疟：音nüè)，奉收(收敛)者少。

　　秋三月(农历七、八、九月)，此谓容平(成熟而安定)。天气以急，地气以明。早卧早起，与鸡俱兴。使志安宁，以缓秋刑(形容秋天严厉而摧残的力量)。收敛神气，使秋气平。无外其志，使肺气清。此秋气之应，养收之道也。逆之则伤肺，冬为飧泄(消化不良等病症。飧：音sūn)，奉藏者少。

冬三月(农历十、十一、十二月)**，此谓闭藏。水冰地坼**(裂开，音 chè)**，无扰乎阳。早卧晚起，必待日光。使志若伏若匿，若有私意。若已有得，去寒就温。无泄皮肤，使气亟**(屡次，频繁，音 qì)**夺。此冬气之应，养藏之道也。逆之则伤肾，春为痿厥**(四肢萎缩，软弱无力。痿：音 wěi)**，奉生者少。**

译 文

春季三个月，是万物复苏的季节。大自然生机勃发，万物逐渐兴盛。人适应春季的变化，适当晚睡，早点起床，多在户外庭园里散步。把头发散开，舒展身体，令精神舒畅。春季要多补充能量，不要消耗；多给予，不要掠取；多顺应，不要违逆。这样就能与春季蕴生之气相呼应，是春季保养蕴生的方法。违背了这个规则，会伤到肝脏，到了夏天容易发生寒性之类的疾病，提供给夏天生长的能力就会不足。

夏季三个月，是万物茂盛华美的季节。这时天地之气交感，植物开花结果。人要适应夏季的变化，适当晚睡，早点起床，不要厌恶白天太长、阳光太晒。不要发怒，让心情愉悦舒畅，好像花儿一般绽放。使气机得到宣泄，好像所喜爱的事物在外面吸引你一样。这样就能与夏季生长之气相呼应，是夏季保养成长的方法。违背了这个规则，会伤到心脏，到了秋天容易发生疟疾，提供给秋天收敛的能力也会不足。

秋季三个月，是万物成熟安定的季节。天高风急，地气清明。人适应秋季的变化，早睡早起，和鸡同时苏醒。平心静气，从而舒缓秋天对万物摧残的力量。精神内敛，使秋天肃杀之气得以平和。不要使意志外驰，不急不躁，使肺气清和均匀。这样就能与秋季收敛之气相呼应，是秋季保养收敛的方法。违背了这个规则，会伤害到肺，到了冬天容易生消化不良的病，提供给冬天闭藏的能力也会不足。

冬季三个月，是万物潜伏闭藏的季节。河水结冰，大地冻裂，阳气潜伏，不被扰动。人适应冬季的变化，早睡晚起，一定要等到太阳出来时再起床。使意志好像潜伏、藏匿一样，好像不公开自己的心意。又好像已经得到了许多，避免身体寒冷，保持温暖。不要让皮肤开张出汗,而不断地耗损阳气。这样就能与冬季闭藏之气相呼应,是冬季保养闭藏的方法。违背了这个规则,会伤到肾脏,到了来年春天,容易得四肢虚弱无力的病,提供给春天生养的能力也就差了。

理 解

本篇出自《黄帝内经·素问》,讲述了人们应该依据四季变化来养生的道理,并介绍了一些简单实用的养生方法。中国古人认为,天地是人类赖以生存的环境,一个人的健康与周围的环境息息相关。天地的运动有自身的规律,是人不能改变和否定的,所以,人们只有尊重和顺应天地的规律,才能生存下去,并保养身体。

养生的方法不是一成不变的,应该因时、因地、因人而异。四季有着不同的季节特点,人们也应当遵行不同的养生方法。比如,春季是生命蕴生和复苏的季节,人们多在户外做适当运动,伸展肢体;夏季时,万物滋长,人们也要多做运动,充分释放自己的精力,心中不要有郁结的情绪;秋季既是收获的季节,又物极而反,走向枯萎与衰败,所以人们在秋天时心情要保持平和,不要过多地抒发感情;冬季是敛藏的季节,许多动物在这时也进入冬眠,人们也要增加睡眠时间,不要过量运动。

由此可见,中国古代的养生是以天地为根本的,人们顺应天地就能长生,违背天地就会遭殃,这个思想在古代称为"天人合一",在今天仍然有积极的价值。

国学常识

1.《黄帝内经》:简称《内经》,是中国现存最早的医学典籍,它全面阐述了中医学理论的基本内容,为中医学的发展奠定了重要的理论基础。全书分为《素问》和《灵枢》两个部分,以黄帝和歧伯等人对话的形式写成。

第十二课
因名失实

世有因名以得实，亦有因名以失实。宣王好射，说(同"悦"，喜欢)人之谓己能用强也，其实所用不过三石(计量弓弩强度的单位)。以示左右，左右皆引(拉)试之，中关(通"弯"，引弓)而止。皆曰："不下九石，非大王孰能用是(此，这)?"宣王悦之。然则宣王用不过三石，而终身自以为九石。三石，实也;九石，名也。宣王悦其名而丧其实。

译　文

世上有因为名称而得到实在的，也有因为名称而失去实在的。齐宣王爱好射箭，喜欢别人夸自己能拉开强弓，其实他所用的弓箭的强度不到三石。他拿出弓箭给左右随从看，左右随从都试着拉弓，拉到一半时就停止了，都说："这张弓箭的力度不少于九石，要不是大王，谁能用这么强的弓呢?"齐宣王听了很高兴。然而，齐宣王用的弓的力度还不到三石，自己一辈子却以为是九石。三石，是实际;九石，是名称。齐宣王因为喜欢九石的美名，而丧失了对自己真实力度的认识。

理 解

本篇出自《尹文子·大道上》，通过齐宣王拉弓这个故事来说明"名"与"实"之间的关系。"名"是指事物的名称以及这个名称所代表的意义，"实"是事物的真实状态。"名"与"实"的关系是中国古代思想家着重探讨的问题之一。儒家重视"名"的作用，主张通过"正名"来规范现实；道家认为，"名"一旦确立，就会限制"实"的发展，并成为人们认识事物的障碍，因而主张"无名"；名家是专门讨论"名"的学派，观点众多而复杂。故事中的齐宣王喜欢听别人的夸赞，爱慕美名，丧失了真实。因此，我们要追求美好的名声，名声应该与真实相符，不能被美名迷惑了自己，更不可追求虚名，欺世盗名。

国 学 常 识

1.宣王:齐宣王,齐国君王,公元前 320—前 301 年在位。

2.尹文子:战国中期齐国人,著述《尹文子》一篇,《汉书·艺文志》将其列为名家。

第十三课
山雉非凤凰

楚人担山雉(山间的野鸡。雉:音zhì)者,路人问:"何鸟也?"担雉者欺之曰:"凤凰也。"路人曰:"我闻有凤凰,今直(竟然)见之,汝贩之乎?"曰:"然。"则十金,弗与。请(又)加倍,乃与之。将欲献楚王,经宿(一夜,音xiǔ)而鸟死。路人不遑(无暇顾及。遑:音huáng)惜金,惟恨不得以献楚王。国人传之,咸(都)以为真凤凰,贵,欲以献之。遂闻楚王,王感其欲献于己,召而厚赐之,过于买鸟之金十倍。

译 文

有个楚国人挑着野鸡,路上有人问他:"这是什么鸟?"挑野鸡的人欺骗他说:"是凤凰。"路人说:"我听说过凤凰,今天竟然见到了,你卖它吗?"挑野鸡的人说:"卖。"路人于是出十金购买,卖的人不同意。又加了一倍的钱,这才同意卖给他。路人买了鸟,打算献给楚王,但是过了一夜,鸟死了。路人顾不及心疼买鸟的钱,只是遗憾没能把鸟献给楚王。这件事很快就在楚国百姓中传开了,人们都认为那只死了的鸟是真凤凰,因为珍贵,所以那人买下它想献给楚王。于是,楚王听说了这事,被这件事所感动,便把这个路人召唤来,赏赐了他重金,赏金超过了买鸟钱的十倍。

理 解

本篇出自《尹文子·大道上》,讲述了一个楚人欺骗路人,将野鸡当作凤凰出售,并引起楚国上下皆受骗的故事。山雉就是山雉,凤凰就是凤凰,两个事物本来不同,所以不能混淆。但是在这个故事中,山雉与凤凰混而为一,当人们用凤凰的名称指代山雉时,山雉就变成了凤凰,导致"名不符实"。

"名"与"实"的关系,是名家着重讨论的问题,诸子百家对这一问题也多有涉及。"名"是事物的名称,是人们用来指称事物的代号,名称一旦确立,便不易改变;"实"是指事物,事物常常处在变化之中,当事物变化了,而名称没有变化,就会出现"名不符实"的情况。这个问题的提出,与当时的历史背景有关。在春秋战国时期,社会各个方面都发生了剧变,人们头脑中观念的更新却相对较慢,指称事物意义的名称也很少变化,导致名称与事实常常不相符。名称起不到规范事实的作用,又进一步加剧了社会的动荡。

国 学 常 识

1.名家:先秦诸子百家之一,名家以研究"名实""形名"问题为核心,并展开辩论。"名"是指事物的名称、概念、规定,"实"或"形"是指事物的实体,是"名"所指称的事物。今天常说的"名不符实""名符其实",都是当时名家讨论的问题。

第十四课
夔 一 足

　　凡闻言必熟论(了解辨别)，其于人必验之以理。鲁哀公问于孔子曰："乐正(官名，乐官之长)夔(音 kuí)一足，信乎?"孔子曰："昔者舜欲以乐传教于天下，乃令重黎举夔于草莽(偏僻的乡间，落后愚昧之地)之中而进之，舜以为乐正。夔于是正六律，和五声，以通八风(八方所吹的风，引申为各地的风俗)，而天下大服。重黎又欲益求人，舜曰：'夫乐，天地之精也，得失之节(人或动物的关节，引申为关键)也，故唯圣人为能和，乐之本也。夔能和之，以平天下，若夔者一而足矣。'故曰'夔一足'，非'一足'也。"

　　凡是听到传闻，必须了解辨别；对于人，必须经过道理检验。鲁哀公问孔子说："乐官夔只有一只脚，可信吗?"孔子说："从前，舜想用音乐来教化天下百姓，于是让重黎推举人才，重黎在偏僻的乡间发现了夔，举荐给了舜，舜任命他为乐正之官。夔于是校正六律，调和五声，使其流行于各地的风俗之中，天下民心以此得以归顺。

重黎还想多找一些像夔这样的人才,舜说:'音乐是天地的精华,是社会治乱的关键,只有圣人才能使之和谐,而和谐是音乐的根本。夔能调和音律,使天下安定,像夔这样的人才,一个就够了。'所以说'夔一人就足够了',而不是说'夔只有一只足'。"

理解

本篇出自《吕氏春秋·慎行论·察传》,通过"夔一足"的事例,说明人们对待传闻要加以辨别,不可轻信。这段古文告诉了我们两个道理:第一,分析问题,不能依据道听途说,要结合情理来分析,看一看传闻是否合乎人之常情与普遍道理;第二,音乐具有重要的社会功能,在中国古代,礼教与乐教是两种重要的教化手段,合称"礼乐",而乐教又是根本,难度最大,影响也最广最深,通过雅乐、和乐的熏陶,人们在快乐的享受中,性情趋于平和,心志逐渐高尚。

国 学 常 识

1.孔子:姓孔,名丘,字仲尼,春秋时期鲁国人,儒家学派创始人,儒家圣人,中国最著名的思想家、教育家和哲学家。

2.夔:人名,相传是舜时的乐官,后来用"夔乐"一词来指庙堂雅乐。

3.重黎:人名,帝舜时的官员。

4.六律:古代的六个音律,阴阳各六,共十二律。阳律六:黄钟、太簇(cù)、姑洗、蕤(ruí)宾、夷则、无射。阴律六:大吕、夹钟、仲吕、林钟、南吕、应钟。

5.五声:又叫"五音",我国古代的五声音阶,分别是宫、商、角、徵、羽。

第十五课
鲁少儒

庄子见鲁哀公。哀公曰:"鲁多儒士,少为先生方(道术)者。"庄子曰:"鲁少儒。"哀公曰:"举(全)鲁国而儒服,何谓少乎?"庄子曰:"周闻之,儒者冠(动词,戴,戴帽子)圜(同"圆",圆形的,音yuán)冠(名词,帽子)者,知天时;履(动词,穿鞋)句(方形的)屦(鞋子,音jù)者,知地形;缓(下垂)佩玦(佩玉,音jué)者,事至而断。君子有其道者,未必为其服也;为其服者,未必知其道也。公固(一定)以为不然,何不号于国中曰:'无此道而为此服者,其罪死!'"于是哀公号之,五日,而鲁国无敢儒服者。独有一丈夫(男子),儒服而立乎公门。公即召而问以国事,千转万变而不穷。庄子曰:"以鲁国而儒者一人耳,可谓多乎?"

译文

庄子见到鲁哀公。哀公说:"鲁国有很多儒士,很少有人学习先生的道术。"庄子说:"鲁国的儒士很少。"哀公说:"鲁国上下有许多人都穿着儒家服装,怎么说儒士少呢?"庄子说:"我听说,戴圆形帽子的儒士知晓天时,穿方形鞋子的儒士懂得地形,衣服上垂着玉佩的儒士,遇事能决断。真有学问的君子,未必会穿儒家服装;穿儒家服装的人,未必有真学问。哀公你一定认为不是这样,那么何不向国内下达命令:'如果没有真学问而穿儒家服装的,处以死刑!'"于是哀公下达了命令,五天后,鲁国没有人敢穿儒家服装了。唯独有一个男子,穿着儒家服装站在宫殿之外。哀公把这人召来询问国家大事,无论是什么样的问题,这个人都能应答。庄子说:"鲁国的儒士只有这一位,还能说多吗?"

理　解

本篇出自《庄子·田子方》,讲述了鲁国儒士多少的故事。庄子认为,真正的儒士是按照学问来衡量的,而不是外在的装饰。在现实社会中,沽名钓誉、名不符实的大有人在,有些人名声很大,却没有真才实学,有些人外表堂堂,内心却肮脏。所以,一个人是不能通过名声和外表来衡量的,我们也要努力做一个内外一致、名符其实的人,这样的人,庄子称其为"真人"。

国 学 常 识

1.鲁哀公:春秋时期鲁国的第二十六任君王,鲁定公之子,公元前494—前468年在位。

2.儒士:信奉儒家思想的读书人。

第十六课
明帝梦佛

　　昔孝明皇帝梦见神人，身有日光，飞在殿前，**欣然**(喜悦的样子)**悦之**。明日，博问群臣："此为何神？"有**通人**(学识渊博的人)傅毅曰："臣闻天竺有得道者，号之曰佛，飞行虚空，身有日光，**殆**(大概)将其神也。"于是上悟，遣使者张骞、羽林郎中秦景、博士弟子王遵等十二人，于大月支写佛经四十二章，藏在兰台石室第十四间。时于洛阳城西雍门外起佛寺，于其壁画千**乘**(量词，用于计算马车，音 shèng)万骑，绕塔三**匝**(圈，音 zā)，又于南宫清凉台，及开阳城门上作佛像。明帝存时，预修造寿陵，陵曰"显节"，亦于其上作佛图像。时国丰民宁，**远夷**(外族或外国人)慕义，学者由此而**滋**(增多)。

　　译　文

　　昔日汉明帝梦见一位神人，全身放出像太阳一样的金光，飞到大殿上，汉明帝感到非常愉悦。第二天，汉明帝在朝堂上问群臣："这是什么神人？"有个学识渊博的大臣叫傅毅，他回答说："我听说天竺国有个得道的人，叫作佛，能在天空中飞行，身上放着日光,大概就是这个神了。"于是孝明皇帝恍然大悟,随即派遣使者张骞、羽林郎中秦景、博士弟子王遵等十二人,到大月氏抄写佛经四十二章,回来把经书收藏在兰台石室的第十四间屋子里。同时在洛阳城西的雍门外建造佛教寺庙,寺庙的墙壁绕塔三圈,上面都画满了万千车马,又在南宫清凉台和开阳城门上画上佛像。汉明帝在世时,预先修造陵墓,名叫"显节",陵墓上也刻画着佛像。当时国泰民安,远方的民族和国家无不敬仰汉朝的仁义,学习佛法的人也由此多了起来。

理　解

本篇出自《弘明集·牟子理惑论》,讲述了佛教传入中国的故事。佛教与基督教、伊斯兰教并称为世界三大宗教。佛教起源于印度,由天竺加毗罗卫国净饭王的儿子乔答摩·悉达多创立,大概在汉代时传至中国,于魏晋之后蓬勃发展,并逐渐与中国本土文化相融合,成为中国文化的重要组成部分。关于佛教传入中国的具体时间,多有争议,其中《牟子理惑论》的作者认为佛教传入开始于东汉孝明皇帝,可备一说。不过,文中却有一处矛盾需要注意,汉明帝是东汉皇帝,而张骞是西汉武帝时候的人,两者相差一百多年,所以汉明帝是不可能派遣张骞前往大月支的。

国学常识

1.佛:佛教创始人释迦牟尼的简称,后来也指修行圆满、觉悟的佛教徒。

2.孝明皇帝:汉明帝刘庄,公元57—75年在位,东汉的第二位皇帝,谥号为孝明皇帝。

3.傅毅:东汉辞赋家,字武仲,以学识渊博著称。

4.天竺:古代中国对印度的称呼。

5.张骞：字子文，西汉外交家、旅行家、探险家，丝绸之路的开拓者。

6.羽林郎中：官职名，汉代的皇家禁卫军军官。

7.大月支：也译为"大月氏"，中国古代居住在西北地区的游牧部族，在今天甘肃与青海一带，后来迁徙到了中亚。

8.兰台石室：汉朝皇宫内的藏书室。

9.《弘明集》：中国佛教史上第一部护法弘教的文献汇编，作者是南朝梁武帝时期的僧祐。

10.《牟子理惑论》：东汉末年牟融著，旨在融合儒家、道家和佛教三家思想，目的在于论证佛教教理与中国本土的儒家和道家思想不相违背。

第十七课
圣人无情

僧意在瓦官寺中,王苟子来,与共语,便使其唱理(讲述玄理)。意谓王曰:"圣人有情不?"王曰:"无。"重问曰:"圣人如柱邪(同"耶",表示疑问的语气词)?"王曰:"如筹算(用刻数字的竹筹计算)。虽无情,运之者有情。"僧意云:"谁运圣人邪?"苟子不得答而去。

译 文

一天,僧意在瓦官寺中,王修来与他说话,让僧意为他讲述玄理。僧意问王修:"圣人有情吗?"王修说:"没有。"僧意又问王修:"那么圣人就像一根柱子吗?"王修说:"像一把筹算。虽然无情,发动就会有情。"僧意问:"是谁发动圣人来运算的呢?"王修不能回答,便离开了。

理　解

本篇出自《世说新语·文学》，讲述了魏晋时期文人之间讨论圣人有情无情思想的故事。在魏晋时期，名士们热衷于道家，道家认为，只有保持虚静恬淡，心灵才能澄明，才能明辨是非、通情达理，所以主张圣人无情。然而，圣人无情，并不是真的没有情感，像一个木桩子一样，而是不从情感出发，不被情感左右，圣人虽有喜、怒、哀、乐、惧，但又不在喜、怒、哀、乐、惧中迷失自己。

汉代时，佛教传入中国，在魏晋时，佛教获得了全面发展，当时的人们对道家和佛教人士非常尊敬，他们也常常聚在一起，讨论超越经验世界之上的玄妙问题。当道家讨论圣人有情还是无情问题的时候，佛家认为，不管是圣人有情绪的波动，还是保持虚静无为，都一定有一个发动者，对这个发动者的体认，便是佛教所探讨的主要问题。

国 学 常 识

1.王苟子：王修，字敬仁，小字苟子，东晋著作郎、书法家。

第十八课
墨子非攻

公输般为（制作）高云梯，欲以攻宋。墨子闻之，自鲁往，裂裳裹足（成语，撕裂衣服包裹受伤的脚，形容奔走艰辛与急迫。裳：古代遮蔽下体的衣裙，音 cháng），日夜不休，十日十夜而至于郢（音 yǐng），见荆王曰："臣，北方之鄙人（住在偏远、乡野的人，常用于对自己的谦称）也，闻大王将攻宋，信有之乎？"王曰："然。"墨子曰："必得宋乃攻之乎？亡其（连词，抑或、还是）不得宋且不义犹攻之乎？"王曰："必不得宋，且有不义，则曷（为什么，音 hé）为攻之？"墨子曰："甚善。臣以宋必不可得。"王曰："公输般，天下之巧工（技艺高超的工匠）也，已为攻宋之械矣。"墨子曰："请令公输般试攻之，臣请试守之。"于是公输般设攻宋之械，墨子设守宋之备。公输般九（泛指多数或多次）攻之，墨子九却（退）之，不能入。故荆辍（停止）不攻宋。墨子能以术御荆免宋之难（灾难，祸害，音 nàn）者，此之谓也。

040

译 文

　　楚国让公输般制作高高的云梯,想攻打宋国。墨子听闻后,从鲁国赶往楚国,一路上艰苦而急迫,日夜不停,十天十夜之后终于到了郢,见到楚王说:"我是北方来的乡野之人,听见大王要攻击宋国,的确有这回事吗?"楚王说:"是的。"墨子说:"是因为必能攻得下宋国然后才攻打的吗?如果攻不下宋国而且又违背道义,还会攻打吗?"楚王说:"如果一定攻不下来,而且又违背道义,为何还要攻打呢?"墨子说:"太好了。我认为宋国一定是打不下来的。"楚王说:"公输般是天下技艺最高超的工匠,已经制作好了攻击宋国用的器械。"墨子说:"请求大王做个试验,命令公输般攻击,我来防守。"于是公输般准备攻击宋国的器械,墨子部署防御宋国的装备。公输般多次攻击,被墨子多次击退,始终攻不下,所以楚国放弃了攻打宋国。墨子用技艺抵挡楚国的攻击,免除了宋国的危难,说的就是这个故事。

理 解

　　本篇出自《吕氏春秋·开春论·爱类》,讲述了公输般制作攻城武器欲助楚攻宋,而墨子凭借自己的防御装备,在试验中有效地抵御了公输般的进攻,并让楚国放弃攻打宋国的故事。故事展现了墨子非攻的思想观念。墨子主张人与人、家与家、国与国之间应该"兼相爱"和"交相利",相爱和互利便是正义,而不应该相互侵略和残害,战争是天下最大的危害。所以,墨子主张"非攻",以除"天下之害"。

　　文中的公输般与墨子都是技艺高超的工匠,但是与公输般相比,墨子除了拥有技艺之外,心中还存有道义。他发明了许多防御武器,旨在用技艺来实现道义。墨子能以一人之力抵挡楚国的进攻,免除宋国的危难,说明他的道义不是空洞的,而是现实的。

国学常识

1.公输般:姓公输,名般,又称公输子,春秋末期鲁国人。古时"般"与"班"同音而通用,所以人们常称他为鲁班。鲁班是中国土木工匠的始祖,相传他发明了锯子、曲尺、墨斗、云梯、石墨、伞、锁等器具。

2.云梯:古代的攻城武器,上面是高高的梯子,下面有车轮,可以行驶,并配备有防盾、抓钩等器具,用于攀越敌方城墙。现代消防车上也配有云梯。

3.墨子:名翟(dí),又叫墨翟,春秋末期宋国人,墨家学派的创始人,中国著名的思想家、哲学家、科学家、军事家和发明家。

4.郢:古代地名,楚国的都城,在今天湖北省江陵县附近。

5.荆王:楚王。楚国又称荆国,所以称楚王为荆王。

第十九课
慎 其 所 染

　　子墨子言见染丝者而叹，曰：染于苍(深青色)则苍，染于黄则黄，所入者变，其色亦变。五入毕(完成)，而已则为五色矣。故染不可不慎也。

　　非独染丝然也，国亦有染。舜染于许由、伯阳，禹染于皋(音gāo)陶、伯益，汤染于伊尹、仲虺(音huǐ)，武王染于太公、周公。此四王者所染当(适合，得当，音dàng)，故王(以仁义取得天下，音wàng)天下，立为天子，功名蔽(覆盖)天地。举天下之仁义显人(有名望的人)，必称此四王者。夏桀染于干辛、推哆(音duō)，殷纣染于崇侯、恶来，厉王染于厉公长父、荣夷终，幽王染于傅公夷、蔡公谷。此四王者所染不当，故国残身死，为天下僇(侮辱，音lù)。举天下不义辱人，必称此四王者。

　　非独国有染也，士亦有染。其友皆好仁义，淳谨畏令，则家日益、身日安、名日荣，处官得其理矣，则段干木、禽子、傅说之徒是也。其友皆好矜奋(骄傲自大)，创作(兴风作浪)比周(阿党营私)，则家日损、身日危、名日辱，处官失其理矣，则子西、易牙、竖刀之徒是也。诗曰

"**必择所堪**(通"湛",浸染,音zhàn)**,必谨所堪**"者,此之谓也。

译 文

墨子说,他曾看见人们染丝,因而感叹道:丝染上了深青色的颜料就变成了深青色,染上了黄色的染料就变成了黄色,所染的颜料变化了,丝的颜色也跟着变化。经过了五次染色,就变成五种颜色了。所以对待染,不可以不慎重。

不仅染丝是这样,国君也会受到外在的感染。舜被许由和伯阳所染,禹被皋陶、伯益所染,汤受到伊尹、仲虺的感染,周武王被太公、周公所染。这四位君王受到的感染得当,所以能以仁义得到天下,立为天子,名扬后世。凡是列举天下著名的仁义之士,必定要提到这四位君王。夏桀被干辛、推哆所染,商纣王被崇侯、恶来所染,周厉王受到厉公长父、荣夷终的感染,周幽王受到傅公夷、蔡公谷的感染。这四位君王因为受到不良影响,所以国家灭亡,自己也被杀害了,为后人所不齿。凡是列举天下不义可耻之人,必定要提到这四位君王。

不仅国家会受到外在的感染,人也会受到外在的影响。一个人所交的朋友都追求仁义,淳朴谨慎,敬长法纪,那么他的家庭就会日益兴盛、身体日益安康、名声日益荣耀,当官也能合于正道,段干木、禽子、傅说等就是能带给人们良好影响的人。一个人所交的朋友都骄傲自大,兴风作浪,阿党营私,那么他的家庭就会日益衰败,身体日益危险,名声日益恶劣,当官也会不走正道,子西、易牙、竖刁就是会带来恶劣影响的人。《诗》上说"一定要精心选择影响你的东西,一定要谨慎地对待影响你的东西",说的就是这个意思。

理 解

本篇节选自《墨子·所染》,墨子以染丝为喻,说明不管是国家,还是个人,都容易受到环境的影响,近朱者赤,近墨者黑,劝说人们要谨慎地选择自己的环境与身边的人。生活在良好的环境中、身处在贤人的周围,自己就会受到良好的影响,人性就可能变得正直,事业就容易走向正道;反之,生活在不良的环境中,身处在恶人的周围,人性就可能变得邪恶,事业就容易走向邪路。

国学常识

1.许由:上古时代的高尚清节之士,相传做过舜的老师。

2.伯阳:上古贤人,相传是舜的朋友。

3.皋陶:禹时期的司法长官,被奉为中国司法鼻祖,曾辅佐禹当上华夏领袖。

4.伯益:皋陶之子,当过禹的老师,与禹一起治水。

5.伊尹:商朝初年著名的政治家、思想家,辅助汤灭夏建商。

6.仲虺:商汤时著名大臣,与伊尹并为商汤左、右相,辅佐商汤完成大业。

7.太公:姜子牙,商末周初的军事家、政治家,辅佐周武王灭商,西周开国元勋,齐国开国君主。

8.周公:西周初年政治家、军事家、思想家和教育家,周武王的弟弟,辅佐周武王讨伐商纣王。

9.干辛、推哆:夏桀时的邪臣。

10.崇侯、恶来:商纣王时的谀臣。

11.周厉王:西周第十位君王。周厉王贪财好利,暴虐无道,后来民众造反,将他赶下了台。

12.厉公长父:西周时期虢国的国君,谥号厉公,不义之人。

13.荣夷公:西周时期荣国的国君,搜刮民众财物,残酷欺压百姓。

14.傅公夷、蔡公谷:西周末年周幽王时的奸臣。

15.段干木:战国初期魏国名士,魏文侯的老师。

16.禽子:禽滑釐,春秋时期魏国思想家。

17.傅说:商朝著名贤臣,商王武丁时的丞相。

18.子西:斗宜申,名宜申,字子西,春秋时期楚国司马,阴谋刺杀楚穆王,败露后被处死。

19.易牙、竖刁:齐桓公晚年时的奸佞之臣。

第二十课
濠梁之辩

　　庄子与惠子游于濠（音 háo）梁（桥）之上。庄子曰："鲦（音 tiáo）鱼出游从容（悠闲舒缓），是鱼之乐也。"惠子曰："子非鱼，安（疑问词，怎么，哪里）知鱼之乐？"庄子曰："子非我，安知我不知鱼之乐？"惠子曰："我非子，固不知子矣；子固非鱼也，子之不知鱼之乐，全矣。"庄子曰："请循（考察，省察）其本。子曰'汝安知鱼乐'云者（语气词连用，表停顿），既已知吾知之而问我，我知之濠上也。"

译　文

　　庄子和惠子一起在濠水的桥梁上畅游。庄子说："鲦鱼游得悠闲自得，这是鱼的快乐。"惠子说："你不是鱼，怎么会知道鱼的快乐呢？"庄子说："你不是我，怎么知道我一定不知道鱼的快乐呢？"惠子说："我不是你，所以不知道你是怎么知道鱼快乐的，但是你也不是鱼，所以你也不知道鱼的快乐，这些是可以肯定的。"庄子说："我们来看看这次讨论的开端。你一开始说'你怎么会知道鱼快乐的'，从这句话中，你已经肯定了我知道鱼的快乐，只不过想问我是怎么知道的，我是在濠水的桥梁上知道的。"

理 解

　　本篇取自《庄子·秋水》,讲述了中国思想史中一个非常著名的故事。惠子是名家的代表人物,与庄子是好朋友,二人经常一起论辩。惠子重视逻辑分析,认为一是一,二是二,事物之间的差别是绝对的,人与鱼不同,之间是不可相知的。而庄子主张混同为一、万物一体,认为事情之间的差别是相对的,人与鱼乃至万物之间都可以通过相感而相通、相知。惠子一开始认为庄子不知道鱼的快乐,这不也是惠子对庄子的感与知吗? 如果万物之间不能相感、相知,那么惠子又是怎么知道庄子的呢?

国 学 常 识

　　1.惠子:战国中期宋国人,先秦时著名的思想家,名家的代表人物,著名哲学家,也是庄子的好友。

第二十一课
黄帝遗珠

黄帝游乎赤水之北,登乎昆仑之丘而南望。还(回到原处,读音 huán)归,遗其玄(黑色)珠。使知索(搜寻,寻求)之而不得,使离朱索之而不得,使喫(音 chī)诟索之而不得也。乃使象罔,象罔得之。黄帝曰:"异哉!象罔乃可以得之乎?"

译文

黄帝在赤水的北岸游玩,登上昆仑山,向南眺望。回来的时候,丢掉了一个黑色的明珠。于是黄帝派一个叫智的人去寻找,结果没有找到,又派一个叫离朱的人去寻找,也没有找到,又派一个叫喫诟的人去寻找,还是没有找到。最后,黄帝派了一个叫象罔的人去找,终于找到了。黄帝说:"太奇怪了!象罔是怎么找到的呢?"

理　解

　　此篇选自《庄子·天地》。老子说："道可道,非常道。"意思是:根本的道理难以用日常的语言来表达,所以,庄子常常借用寓言故事来说明,以此来启发人们的智慧。

　　这个故事有许多隐喻。昆仑山是道家圣地,黄帝游昆仑向南面眺望,南面,是尊位、官位,南望,是思官的意思。玄珠,比喻大道,黄帝思官,所以失道。失道,便要寻道。"智""离朱""喫诟"和"象罔"这四个人名,皆有寓意。智是思维、聪明,老子说,"绝圣弃智",认为通过思维、计谋是无法到达"道"的,所以"智"找不到玄珠。离朱,传说中的人物,眼力极佳,老子说,"五色令人目盲""大形无象""大音希声",认为感官也是无法通"道"的,所以离朱也找不到玄珠。喫诟,也是传说中的人物,擅长辩说,老子说,"大言若拙",主张"行不言之教",孔子也主张"默而识之",可见,语言也是无法通"道"的,所以喫诟也无法找到玄珠。最后,象征"道"的玄珠被象罔寻得,象罔象征着既有既无、混沌未分的无极。"象"为有,故非无;"罔"为无,故非有。老子曰:"道之为物,惟恍惟惚。惚兮恍兮,其中有象。恍兮惚兮,其中有物。窈兮冥兮,其中有精,其精甚真,其中有信。"象罔与天地玄同,大智若愚,所以反而能到达"道"的境界。

国 学 常 识

　　1.黄帝:姓公孙,名轩辕,与炎帝被共尊为中华民族的始祖,所以中国人也被称为"炎黄子孙"。

第二十二课
刘伶纵酒

刘伶病酒,渴甚,从妇求酒。妇捐(丢弃)酒毁器,涕泣谏曰:"君饮太过,非摄生(保养身体)之道,必宜断之!"伶曰:"甚善。我不能自禁,唯当祝(祷告,祈祷)鬼神自誓断之耳。便可具酒肉。"妇曰:"敬闻命。"供酒肉于神前,请伶祝誓。伶跪而祝曰:"天生刘伶,以酒为名,一饮一斛(容量单位,一斛为十斗,音hú),五斗解酲(因喝酒过度而引发的病,音chéng)。妇人之言,慎不可听!"便引酒进肉,隗然(倒下的样子。隗:倒塌,音wěi)已醉矣。

刘伶恒纵(放任,不拘束)酒放达(言行不受世俗礼法的约束),或脱衣裸形在屋中。人见讥之,伶曰:"我以天地为栋宇,屋室为裈(古代指裤子,音kūn)衣,诸君何为入我裈中!"

译 文

刘伶犯了酒瘾,特别想喝酒,向妻子要酒喝。妻子把酒倒掉,把酒具也给毁了,哭着劝他说:"你酒喝得太多了,这不是养生之道,必须把酒戒掉!"刘伶说:"很好。

不过我自己戒不掉，只有在鬼神面前祷告发誓才能戒掉。你赶快去准备祈祷用的酒肉。"他的妻子说："遵命。"于是把酒肉供在神像前，请刘伶祷告、发誓。刘伶跪着祷告说："上天生了我刘伶，靠酒而出名，一喝就是十斗酒，五斗可以解除我的酒病。我妻子说的话，千万不要听！"说完便拿来祈祷用的酒肉吃喝起来，一会儿又喝醉倒下了。

刘伶喝酒经常不加节制，任性放纵，有时喝醉了，就在家中赤身露体，有人看见了就责备他。刘伶说："我把天地当作我的房子，把房子当作我的衣裤，诸位为何要跑进我的衣裤里啊！"

理　解

本篇出自《世说新语·任诞》。魏晋名士大多崇尚道家，不拘礼法，所以在行为上常常任性怪诞。

在儒家礼法看来，饮酒应该有所节制，让自己时刻保持理智，正如孔子说："不为酒困。"但是在魏晋时期，统治者常常利用礼教来维护其不正当的统治，礼法、礼教已经成为人性的束缚，所以魏晋名士主张"越名教而任自然"，主张以天地为生命的家园。身处在政治斗争激烈、生命朝不保夕的魏晋乱世，名士们无可奈何，只能借酒暂获心灵的自由，纵酒避世。

国学常识

1.刘伶："竹林七贤"之一，字伯伦，沛国人，魏晋名士，嗜酒不羁，被称为"醉侯"。

第二十三课
塞翁失马

近塞上(边境地区,也泛指北方长城内外)之人有善术(道术)者,马无故亡(逃跑)而入胡,人皆吊(慰问,对遭遇不幸的人表示安慰)之。其父(对老年男子的尊称)曰:"此何遽(怎么,表示反问。遽:就,竟,音jù)不为福乎?"居数月,其马将(带领)胡骏马而归,人皆贺之。其父曰:"此何遽不能为祸乎?"家富(多,丰盛的)良马,其子好骑,堕而折其髀(大腿,音bì),人皆吊之。其父曰:"此何遽不为福乎?"居一年,胡人大入塞,丁壮(年轻力壮的男子)者引弦而战(拿起武器去打仗。引弦:拉弓),近塞之人,死者十九,此独以跛(腿瘸,音bǒ)之故,父子相保。故福之为祸,祸之为福,化不可极(穷究,完全搞明白),深不可测也。

译文

在北方的边塞附近有一个擅长道术的人,他的马匹无缘无故地跑到了胡人的住处,人们都来安慰他。那个老人说:"这怎么就不是福气呢?"过了几个月,那匹丢失的马带着胡人的骏马回来了,人们都来祝贺他。那个老人说:"这怎么就不是祸害呢?"因为家里来了许多好马,他的儿子喜欢骑马,结果从马上摔下来,摔断了腿,人们都来安慰他。那个老人说:"这怎么就不是福气呢?"过了一年,胡人大举入侵边塞,年轻力壮的男子都被送上前线去打仗了,边塞附近的人死亡众多,唯有老人的儿子因为腿瘸免于征战,父子俩保全了生命。所以福气成了灾祸,灾祸成了福气,福与祸的转化是不能完全把握的,深不可测。

 理　解

本篇出自《淮南子·人间训》,讲述了塞翁失马的故事,表达了道家福祸相依、顺其自然的思想观点。

从单单一件事情来看,有好坏福祸的分别,马匹丢了、腿摔断了当然都是不幸的事,良马多了、避免战火也当然都是幸运的事。但是事情总是处在不停的变化之中。福气来了,常常让人放松警惕,变得傲慢,于是福就转化成了祸;灾祸来了,常常使人谨慎小心,变得谦逊,于是祸就转化成了福。这个故事告诉我们,当福气来临时,仍然要保持谨慎谦逊,当灾祸来临时,仍然要保持乐观向上的态度。

不过,终究是福还是祸,常常出人意料,因为一件事情变成福或是变成祸,是由诸多因素共同导致的结果,并不能完全由自我掌控,就好像塞翁的儿子骑马摔断了腿,谁又能预料之后会发生战争,而恰好避免了征战呢? 所以,道家认为,人生不能因为求福远祸而精于算计,因为算计不仅常常无功,而且还劳累心神,不如顺其自然,看淡福祸的好。

1.胡:中国古代称北方和西方的民族为胡,如对匈奴、西域诸国都称胡,也泛指外国或外族。

2.塞翁失马,焉知非福:这个成语出自于这篇文章,比喻虽然一时受到损失,反而因此得到好处,也指坏事在一定条件下可转变为好事。

第二十四课
殉葬非礼

　　陈子车死于卫,其妻与其家大夫谋以殉葬,定而后陈子亢至,以告曰:"夫子疾,莫养于下,请以殉葬。"子亢曰:"以殉葬,非礼也。虽然,则彼疾当养者,孰若妻与宰(古代官吏的通称,这里指家臣)?得已(得到想要的结果),则吾欲已;不得已,则吾欲以二子者之为之也。"于是弗果(终究,到底)用。

译　文

　　齐国大夫陈子车死在卫国,他的妻子和家臣谋划用活人殉葬,定下人选后,陈子车的弟弟陈子亢来了,于是二人告诉陈子亢说:"陈子车是病死的,他在地下没有人伺候,请求用活人殉葬。"陈子亢说:"用活人殉葬,不符合礼制。虽然不合乎礼制,哥哥是病死的,也的确需要有人伺候,哪有比妻子和家臣更合适这个人选呢?如果我能阻止这件事,我愿意阻止;如果不能阻止,我想就用二位来殉葬吧。"于是终究没有用活人殉葬。

理　解

本篇出自《礼记·檀弓》,讲述了陈子车的妻子和家臣想用活人给陈子车殉葬,遭到陈子亢反对的故事。

葬礼本是表达对已逝亲人的敬意,它是中国古代一项重要的制度和风俗,有助于人们道德的培养,所以一直沿用至今。在葬礼中,通过随葬一些生活物品来延续关爱,以求心安,但是用活人殉葬实属野蛮,是人类社会早期文明未开化的表现,随着社会的进步,越来越遭到人们的反对。秦朝时,人殉的陋习基本就已经停止了,今天我们在秦始皇陵墓中见到大量的兵马俑,即用木头或陶土制成的偶人,相对于人殉来说,就是一大进步。所以,对于古代的习俗与礼制,既不能一味叫好,也不能全盘否定,而要批判地继承,对当今社会有利的,体现人类进步趋势的,要继承发扬,反之则要改变或者废除。

孔子说:“己所不欲,勿施于人。”意思是:自己不愿意承受的,就不要施加于别人。这是一条非常重要的原则,普遍适用于人与人之间的交往中。陈子车的妻子和家臣自己不愿意当作殉葬品,却想让别人去殉葬,违背了“己所不欲,勿施于人”的原则,所以于理不容。

国 学 常 识

1.家大夫:春秋时实行分封制,各国卿大夫各有封地,大夫们招揽人才作为臣属代为管理,大夫们的臣属称为家大夫,又叫宰,或家臣。

2.殉葬:用器物、牲畜或人与死者一同葬入墓穴之中。文中的殉葬是指活人殉葬,又称“人殉”,常常发生于古代野蛮时期,人殉大多是用死者的妻妾、仆人来随葬。

3.《礼记》:又名《小戴礼记》,共四十九篇,是一部以儒家礼义为主的文章汇编,相传是由西汉礼学家戴圣编纂。

　　吴起治西河,欲谕(明白)其信于民,夜日(前一天)置表(柱子)于南门之外,令于邑(城镇)中曰:"明日有人能偾(推倒,音fèn)南门之外表者,仕长大夫。"明日日晏(晚,迟)矣,莫有偾表者。民相谓曰:"此必不信。"有一人曰:"试往偾表,不得赏而已,何伤?"往偾表,来谒(拜见,音yè)吴起。吴起自见而出,仕之长大夫。夜日又复立表,又令于邑中如前。邑人守门争表,表加植(栽种,这里指掩埋),不得所赏。自是之后,民信吴起之赏罚。赏罚信乎民,何事而不成,岂独兵乎?

译　文

　　吴起治理西河郡,想向百姓表明他的诚信,于是前一天在南门外立了一根柱子,对全城百姓下令说:"明天如果哪个人能将南门外的柱子推倒,就任命他为上大夫。"第二天直到晚上,也没有人去将柱子推倒。百姓在一起议论说:"这个话一定不可信。"有一人说:"我去把柱子推倒试试,最多得不到奖赏而已,有什么害处呢?"这人推倒了柱子,去拜见吴起。吴起出来亲自接见了他,并任命他为上大夫。吴起又提前一天立了一根柱子,像前一次一样向全城下了命令。百姓都围着城门争相去推倒柱子,柱子埋得很深,没有人能得到奖赏。从此以后,百姓都相信了吴起的赏罚。百姓相信了政府的赏罚,做什么事情不能成功,岂止是用兵呢?

理 解

本篇出自《吕氏春秋·似顺论·慎小》,讲述了魏国将军吴起通过立柱行赏来取信于民的故事。

先秦诸子百家,虽然思想各异,但对于诚信都是一致倡导的,不管是儒家讲道德伦理,法家讲法令推行,还是兵家讲用兵打仗,诚信都是必要的条件。政府讲诚信,百姓相信政府,政令才能推行下去,百姓才能听从政府的指挥,全国上下才能统一行动。

国 学 常 识

1.吴起:战国时期军事家、政治家和改革家,先秦兵家代表人物,著《吴子兵法》,曾任魏国西河郡守。

2.西河:战国时曾属魏国,位于黄河以西,在今天的陕西省大荔县。

3.长大夫:即上大夫。先秦时,官爵分为卿和大夫两级,大夫又分上大夫、中大夫和下大夫三级。

第二十六课
曾子以信教子

曾子之妻之市,其子随之而泣。其母曰:"女(同"汝",你,音 rǔ)还,顾反(返还,回去。反:通"返",返回)为女杀彘(猪,音 zhì)。"妻适(往,去)市来,曾子欲捕彘杀之,妻止之曰:"特(只,不过)与婴儿戏(捉弄,开玩笑)耳(文言助词,而已,罢了)。"曾子曰:"婴儿非与戏也。婴儿非有知也,待(依靠)父母而学者也,听父母之教。今子欺之,是教子欺也。母欺子,子而不信其母,非所以成教也。"遂烹彘也。

译 文

曾子的妻子到集市上,儿子跟着她哭闹。母亲说:"你先回去,我回去后给你杀猪吃。"曾子的妻子从集市回来,曾子正在捉猪想要杀猪,妻子制止他说:"我只不过是和小孩子开个玩笑而已。"曾子说:"小孩子是不能和他开玩笑的。小孩子不懂事,依靠父母来学习,听从父母的教育。现在你欺骗孩子,是在教孩子欺骗。母亲欺骗孩子,孩子就不会相信母亲,也不会再听从母亲的教导了。"于是把猪杀了给孩子吃。

理 解

本篇出自《韩非子·外储说左上》,讲述了教育孩子讲诚信,家长首先要带头诚信的道理。

诚信是重要的美德,是人际交往的最基本要求,所以诚信是教育的目标。诚信还是教育的手段,父母和老师要以诚信的方式来教导子女和学生。教育者在教育时不能只停留在口头上,如果父母和老师说到却做不到,所说的道理就会受到子女和学生的怀疑,道理的真实性就会大打折扣,就无法令受教育者接受,所以言传不如身教。

国 学 常 识

1.曾子:姓曾,名参,字子舆,春秋时期鲁国人,孔子的弟子,儒家学派的重要代表人物。

2.《韩非子》:战国末期韩非的著作,韩非是战国时期韩国人,法家集大成者,《韩非子》是先秦法家思想的代表著作。

第二十七课

公仪休不受鱼

公仪休**相**(做某国的宰相,音 xiàng)鲁而**嗜**(喜欢,爱好)鱼。一国人献鱼而不受。其弟谏曰:"嗜鱼不受,何也?"曰:"夫欲嗜鱼,故不受也。受鱼而免于相,则不能**自给**(供应,音 jǐ)鱼。无受而不免于相,长自给于鱼。"此明于为己者也。故老子曰:"后其身而身先,外其身而身存。非以其无私乎,故能成其私。"诗曰:"思无邪。"此之谓也。

 译 文

公仪休在当鲁国宰相时爱吃鱼。有一个鲁国人送给他鱼,他不接受。他的弟弟劝他说:"你爱吃鱼却不接受,这是为何啊?"公仪休说:"我正是因为爱吃鱼,才不能接受啊。我接受了他的鱼,会因此不能当宰相,不能当宰相便不能自己供应鱼。不接受他的鱼,我就不会被罢免,便能长期自己供应鱼。"这便是为了自己的明智之举。所以老子说:"把自己的位置摆在别人的后面,反而让自己优先;不为自己,反而能保存自己。这不是无私,而是只有无私,才能成就自己的私。"《诗经》

说:"心中不要有邪念。"说的都是这个意思。

理 解

本篇出自《韩诗外传》,讲述了鲁国宰相公仪休爱吃鱼却不接受他人送鱼的故事。

公仪休爱吃鱼,鱼是他想要的东西,但是他并没有因为自己喜欢的东西而冲昏了头脑、丧失了理智,如果想得到鱼而不顾一切,无所不为,鱼不仅得不到,自己的职位甚至性命可能都会丢失。所以,我们在做事情的时候,不能被眼前的好处诱惑,要懂得权衡利弊,有所为,有所不为。公仪休在面对自己欲望的时候,表现出强大的理智,值得我们学习。

国 学 常 识

1.公仪休:春秋时期鲁国人,官至鲁国宰相,以廉洁奉公著称。

2.《诗经》:中国最早的诗歌总集,共三百零五篇,时间跨度从西周初年到春秋中叶五百多年,汉代时被尊为儒家经典,成为"五经"之一。

3.《韩诗外传》:西汉韩婴著,全书由许多趣闻轶事杂编而成,故事的主旨大多体现儒家的道德伦理,故事的后面都会引用《诗经》中的一句诗文来作结论。

第二十八课
知人之道

　　夫知人之性,莫难察焉。美恶既殊,情貌不一,有温良而为诈者,有外恭而内欺者,有外勇而内怯者,有尽力而不忠者。然知人之道有七焉:一曰,间(挑拨,离间,音 jiàn)之以是非而观其志;二曰,穷(穷尽,完结,这里指用言语刺激对方)之以辞辩而观其变;三曰,咨(商议,询问)之以计谋而观其识;四曰,告之以祸难而观其勇;五曰,醉之以酒而观其性;六曰,临之以利而观其廉;七曰,期(约定期限)之以事而观其信。

译 文

　　没有什么事比认识一个人的本性更加困难了。每个人的善恶程度与表现不同,内心与外表也时常不一致,有的人外表温和善良而内心奸诈,有的人外表恭敬而内心充满欺骗,有的人外表勇敢而内心怯懦,有的人外表尽力而内心不忠诚。然而,认识一个人的本性也还是有七种办法的:第一,混淆是非,然后观察他的志向和立场;第二,用激烈的言语刺激他,观察他的气度变化;第三,向他请教计策、谋划,以考察他的学识;第四,告诉他大难临头,考验他的勇气;第五,在他醉酒之后观察他的修养;第六,用利益引诱他,考验他是否清廉;第七,让他在规定的时间内完成一件事,考察他的信用。

理　解

这一篇短文的作者是诸葛亮,出自于《诸葛亮集·知人性》,作者从七个方面阐述了认识一个人本性的方法。俗语说:"知人知面不知心。"一个人的本性与外在的表现往往是不一致的,口是心非、言行不一的事情经常出现。所以,与人交往,一方面自己要真诚待人,知行合一,另一方面又要有智慧,不被他人的表面现象所迷惑,透过表象来深入理解一个人的本质。

国　学　常　识

1.诸葛亮:字孔明,号卧龙,三国时期蜀国丞相,中国杰出的政治家、军事家和思想家,是中国传统文化中忠臣与智者的代表。

第二十九课
见小曰明

　　昔者纣为象箸(筷子,音 zhù)**而箕子怖,以为:"象箸必不加于土铏**(古代盛放饭食的器具,音 xíng)**,必将犀玉之杯;象箸玉杯必不羹菽藿**(豆和豆叶,泛指粗劣的杂粮。菽:音 shū。藿:音 huò)**,则必旄**(通"牦",牦牛,音 máo)**象豹胎;旄象豹胎必不衣**(动词,穿衣,音 yì)**短裼**(粗布或粗布衣服,音 hè)**而食于茅屋之下,则锦衣九**(多数)**重,广室高台。吾畏其卒**(末尾,结局)**,故怖其始。"居五年,纣为肉圃**(园地,这里指帝王贵族游乐观赏的地方)**,设炮烙**(古代的一种刑法,用烧红的铁器灼烫身体的酷刑。炮:音 páo。烙:音 luò)**,登糟**(制酒剩下来的酒渣)**丘,临酒池,纣遂以亡。故箕子见象箸以知天下之祸。故曰:"见小曰明。"**

译 文

　　从前商纣王使用象牙制的筷子,而箕子感到恐怖,他认为:"象牙筷子一定不会用在陶土的食器上,一定要用犀牛角和玉制的酒杯;象牙筷子和玉制酒杯一定不会用豆叶汤羹上,一定要吃牦牛、象和豹子的胚胎;牦牛、象和豹子的胚胎,一定不会穿着粗布衣服在茅屋下吃,一定会穿着多层锦绣衣服,在宽广的宫室和高台上吃。我害怕这样的结果,所以恐怖这样的开端。"过了五年,商纣王建造了挂满了肉的园圃,设立了炮烙的刑法,登上了酒糟堆积的小山,面对着盛满酒的池塘,于是纣就灭亡了。箕子看见了象牙筷子就知道天下将要发生的祸患。所以说:"以小见大叫作智慧。"

理 解

本篇出自《韩非子·喻老》,通过箕子批评商纣王奢靡生活的事例来说明"见小曰明"的道理。

"见小曰明"是道家创始人老子在《道德经》中提出的观点,意思是在事情刚刚萌发时就预见事情的结果。任何一件事情都是从萌芽时开始的,萌芽阶段虽然没有全部展现其善恶是非的结果,但其中已经蕴涵着事物未来发展的趋势。所以,有智慧的人就会"以小见大"。如果事情的趋势是朝着好的方向发展,就要努力促进;反之,如果事情是朝着坏的方向发展,就要及时制止。这样,我们就可以取得好的事情的成功,预防坏的事情的发生。

国 学 常 识

1.纣:商朝最后一位君主,人称殷纣王,相传是暴君。

2.箕子:名胥余,商朝太师,纣王的叔父,封于箕,所以又称"箕子",商末著名的贤臣,也是一位政治家和思想家。

第三十课
列子观影

　　子列子学于壶丘子林。壶丘子林曰："子知持后,则可言持身矣。"列子曰："愿闻持后。"曰："顾(回头看) 若(你)影,则知之。"列子顾而观影:形枉(弯曲) 则影曲,形直则影正。然则枉直随形而不在影,屈申(通"伸",伸展)任物而不在我,此之谓持后而处先。

译文

　　列子向壶丘子林学习。壶丘子林说:"你要先懂得持后,然后才知道如何修身。"列子说:"希望能听到您关于持后的道理。"壶丘子林说:"回头看看你的影子,就知道了。"列子回头观察自己的影子,当身体弯曲时,影子就跟着弯曲,当身体直立时,影子就跟着直立。决定影子的弯曲或是直立的是身体而不是影子,决定我屈从或是伸展的是事物而不是自我,这就叫持后而处先。

理 解

此节选自《列子·说符》,阐述了道家"持后而处先"的道理。列子是先秦道家的思想代表,《庄子》中记载过列子的事迹。

道家主张顺应自然,自然,是指由万事万物组成的世界,以及这个世界的规律,顺应自然,就是尊重世界的客观规律。人因为自以为是,常常不能顺应自然,违背规律,所以,顺应自然,首先就要放下自己的傲慢,不以自己的先入之见来妄想和妄为,让自己的脚步跟着天地的脚步。就好像决定人们穿着的不是自己,而是天气:寒冷的天气决定了人们要穿得厚,使之暖和;炎热的天气决定了人们要穿得薄,使之凉快。所以,跟随在天地的后面,根据事情的形势,然后再作出判断,看似落后,实则超先,看似无为,实则有为。

国 学 常 识

1.子列子:列子,姓列,名寇,又名御寇,郑国人,战国前期的思想家,道家思想代表。列子前加个"子",表示对列子的尊重。

2.壶丘子林:战国时期郑国人,列子的老师。

第三十一课
随遇而安

　　肩吾问于孙叔敖曰："子三为令尹,而不荣华;三去之,而无忧色。吾始也疑子,今视子之鼻间,栩栩(形容适宜欢畅)然,子之用心独奈何?"

　　孙叔敖曰："吾何以过人哉! 吾以其来不可却也,其去不可止也,吾以为得失之非我也,而无忧色而已矣。我何以过人哉! 且不知其在彼乎,其在我乎? 其在彼邪(同"耶",疑问词,音yé)? 亡(无,没有)乎我。在我邪? 亡乎彼。方将踌躇(自得的样子。踌:音chóu。躇:音chú),方将四顾,何暇至乎人贵人贱哉!"

　　仲尼闻之曰："古之真人,知者不得说(游说,劝说,音shuì),美人不得滥(过度,淫乱),盗人不得劫,伏戏、黄帝不得友。死生亦大矣,而无变乎己,况爵禄乎! 若然者,其神经乎大山(太山,泰山。大:通"太")而无介(间隔,阻碍),入乎渊泉而不濡(沾湿,音rú),处卑细而不惫(困顿),充满天地,既以与人,己愈有。"

译 文

肩吾问孙叔敖说:"您三次当令尹,不感到荣耀;三次被罢免,脸上也没有忧郁之色。我起初对您的表现有些怀疑,今天看到您气息适宜欢畅,您是怎么用心的?"

孙叔敖说:"我哪里有比别人高明的地方啊! 我认为官职来了就不要去拒绝,官职被罢免了也不必再挽留,我认为事情的得与失并非由我决定,所以没有忧郁。我哪里有比别人高明的地方啊! 我甚至不知道可尊贵的到底是官职呢,还是我呢。可尊贵的是官职吗? 如果是这样,和我便没有关系。可尊贵的是我吗? 如果是这样,和官职便没有关系。我正感到悠闲自得,正在玄览万物,哪里顾得上世俗的高贵和低贱呢!"

孔子听到后说:"古时候的真人,有智慧的人不能游说他,美女不能使他淫乱,强盗不能威逼他,伏羲和黄帝也不得与他成为朋友。死与生虽然是大事,却不能让他有所改变,何况是爵禄呢! 像这样的人,他的精神游遍泰山而没有阻碍,进入深渊也不会沾湿,处于低微的地位而不感到困苦,他的精神充满天地之间,即使把一切都给予他人,自己也一点儿都没有失去。"

理 解

本篇出自《庄子·田子方》,阐述了庄子随遇而安的人生智慧。孙叔敖当楚国宰相,一人之下,万人之上,极其尊贵。但是他当宰相时,不觉得有什么尊贵,被罢免了也不感到难过,这是什么原因呢? 庄子认为,这是他善于"用心"的缘故。

所谓"用心",就是发挥心灵的作用。有些人做事情是不用心的,不知道发挥心灵的作用,而只是发挥情绪、欲望的作用。想去当官、发财、出名,大多都是欲望在驱动,不管是当上官还是丢了官,发了财还是破了产,情绪都会激动,得到了会担心丢失或想得到更多,丢失了担心得不到,人生好像陷入一个怪圈里出不来,整天患得患失。

随遇而安,今天常常用于贬义,指一个人太容易满意,不愿意改变现状,没有奋斗精神。其实,随遇而安也是一种积极与智慧的人生态度。人生的许多境遇都不是自己能够选择和改变的,如果我们的心灵随着境遇的改变而改变,随着世事的沉浮而沉浮,那么心灵就永远得不到安宁和自由,人们也永远找不到自我的存在。

随遇而安的态度告诉人们,人生应该顺其自然,如行云流水。机遇来了,就努力把握,认真完成自己的本职工作;机遇走了,就轻松放手,不要流连忘返,不要怨天尤人。庄子认为,生命的根本不是外在的境遇,只有超越外在的得失,才能找到自我,寻到自己真正想要的人生之路。

国学常识

1.肩吾:中国古代传说中的神仙,庄子借他来问道。

2.孙叔敖:姓芈(mǐ),名敖,字孙叔,春秋时楚国令尹,辅佐楚庄王成为"春秋五霸"之一。

3.令尹:官名,春秋楚国的执政官,相当于宰相。

4.伏戏:又名伏羲、庖牺,"三皇"之一,华夏民族人文先始,相传八卦由伏羲所画。

5.黄帝:古华夏部落联盟首领,"五帝"之一,被尊为中华人文初祖。

田子读书,曰:"尧时太平。"宋子曰:"圣人之治,以致此乎?"彭蒙在侧,越次(不循次序,这里指抢先说话)答曰:"圣法之治以至此,非圣人之治也。"宋子曰:"圣人与圣法何以异?"彭蒙曰:"子之乱名其矣。圣人者,自己出也;圣法者,自理出也。理出于己,己非理也;己能出理,理非己也。故圣人之治,独治者也;圣法之治,则无不治矣。此万世之利,唯圣人能该(通达)之。"宋子犹(还,仍然)惑,质(问)于田子。田子曰:"蒙之言然(正确)。"

译 文

田骈读书时,说:"尧的时候,社会太平。"宋钘说:"社会太平,是由圣人的治理达到的吧?"彭蒙在旁边,抢在田骈前面说:"是运用圣法治理达到的,而不是圣人的治理。"宋钘说:"圣人与圣法有什么不同呢?"彭蒙说:"您把名称的意义混淆得太过了。圣人,是按照自己的意志来治理;圣法,是按照治理社会的道理来治理。治理社会的道理虽然出于圣人自己,但是圣人不是道理;圣人虽然能提出治理社会的道理，但是道理并不等于圣人。所以，圣人的治理，是圣人一个人在治理社会；而圣法的治理，则是任何人都可以运用，使任何国家都能得到治理。圣法之治对万世都有利，这只有圣人才能通达。"宋钘还有疑惑，于是问田骈。田骈说："彭蒙说得对。"

理 解

本篇出自《尹文子·大道下》，讨论的是圣人之治与圣法之治的关系。

圣人是指德才兼备又掌握社会权力的人，圣法是指治理社会的道理与法规。圣人与圣法存在着关联：圣人是圣法的来源，圣法是由圣人提出和创制的；圣法是对圣人治理社会的经验总结与提炼，圣人的治理思想体现在圣法之中。圣人与圣法又存在着区别：圣人是人治，社会的治理依赖于圣人这一个人；圣法则是法治，治理社会不依赖个人，而是依赖法规。

这篇文章体现了作者对圣法之治的肯定，认为圣法之治要优于圣人之治。这是因为，圣人的出现是偶然的，并不是每一个朝代都一定会由圣人治理，如果没有圣人，社会的治理便得不到保障，所以圣人之治并不能带来社会的长久治理。而圣法不同，圣法可以离开圣人独立存在，不管社会由谁来治理，只要圣法能够得到有效执行，社会的治理就能得到保证。

国 学 常 识

1.田子：田骈，战国时期齐国思想家，彭蒙的弟子。

2.宋子：宋钘(jiān)，战国时期齐国思想家，与尹文齐名。

3.彭蒙：战国时期齐国思想家。

第三十三课
以法明分

世之为治者,多释(舍弃)法而任私议,此国之所以乱也。先王县(同"悬",设定,音 xuán)权衡(秤砣和秤杆),立尺寸,而至今法(效法)之,其分明也。夫释权衡而断(判定)轻重,废尺寸而意长短,虽察,商贾(商人。贾:音 gǔ)不用,为其不必也。

故法者,国之权衡也。夫倍(同"背",违背)法度而任私议,皆不知类(统类,法纪)者也。不以法论知、能、贤、不肖(不贤,无才能)者,惟尧;而世不尽为尧。是故先王知自议誉私之不可任也,故立法明分,中(符合,音 zhòng)程(法规)者赏之,毁公者诛之。赏诛之法,不失其议(通"仪",准则),故民不争。不以爵禄便(有利于,音 biàn)近亲,则劳(有功)臣不怨;不以刑罚隐(隐瞒欺骗)疏远,则下亲上。故授官予爵不以其劳,则忠臣不进;行赏赋(给予)禄不称(符合)其功,则战士不用。

凡人臣之事君也,多以主所好事君。君好法,则臣以法事君;君好言,则臣以言事君。君好法,则端直(正直)之士在前;君好言,则毁誉之臣在侧。

译　文

现在治理社会的人,大多舍弃了法纪而重用私人意见,这是导致国家混乱的原因。先王设立秤砣和秤杆,确定尺寸的标准,至今还在沿用,因为量度分别明确。如果舍弃了固定的秤砣和秤杆来判定轻重,废弃了尺寸来测量长短,虽然精于估算,商人也不会用,因为估算不一定精确。

所以,法纪就好像国家的秤砣和秤杆。违背了法纪而重用私人意见,都是不懂得以法纪来治理社会的人。不依照标准来分辨人的才智、能力、贤能和愚笨,只有尧这样的圣人才能做到;但是世人并不都具有像尧那样的分辨能力。所以先王知道不可以任用个人的议论和私下的赞誉来治理国家,于是确立法纪来明确区分,凡是符合法纪的就奖赏,危害法纪的就惩罚。奖赏与惩罚都按照法纪进行,所以人民不会有争议。以法治国,官员的亲友就不能在官爵和俸禄上讨到便利,这样功臣就不会有抱怨;与官员没有关系的人也不会在刑罚上被隐瞒欺骗而吃亏,这样民众就会亲近上级。所以,授予官爵如果不按照功劳的标准,忠臣就难以被提拔;加以奖赏如果不按照军功的标准,战士就不愿打仗。

臣子侍奉君王,大多投其所好。君王如果尊崇法纪,臣子就会以法纪来侍奉君王;君王如果喜欢听好话,臣子就会奉承讨好君王。君王尊崇法纪,正直的人就聚集在前;君王喜欢听好话,阿谀奉承的人就会围绕在身边。

理　解

本篇出自《商君书·修权》,通过秤砣和秤杆的比喻,阐述了法纪对于分辨人才、功过奖惩、管理臣民的重要性,表达了作者对以法治国的推崇。

中国古代的法家重视法律的作用,主张以法治国,反对人治。法家认为,人治具有极大的偶然性和不确定性。遇到圣明的君王,国家能得到治理,遇到昏庸的君王,国家就会混乱,而如果将圣明的君王的治理经验总结归纳为一定的法律程式加以推广和应用,就可以避免人治的偶然性,实现社会治理的必然性。不过,在君王专制的古代社会,君王的权力实际上凌驾于法律之上,法律仅仅是君王治理社会的工具,法律的权威性、平等性并没有得到保障,法治的作用仍然受到许多限制。

所以,古代法家的以法治国思想与当代社会的依法治国是不可同日而语的,不过,古代法家所主张的明法去私、布之于众、法与时转等精神对当代社会的法制建设仍然有一定的借鉴作用。

国 学 常 识

1.《商君书》:也称《商子》,作者商鞅,战国时期法家学派的代表著作,现存二十六篇,是了解和研究古代法家思想的重要经典。

第三十四课
先王贵势

　　凡知道者，势(形势)，数(方法)也。故先王不恃(依仗，音 shì)其强，而恃其势；不恃其信，而恃其数。今夫飞蓬(草名，根细体轻，风吹而起)遇飘风(大风)而行千里，乘(利用，凭借)风之势也；探渊者知千仞(计量单位，音 rèn)之深，县(同"悬")绳之数也。故托其势者，虽远必至；守其数者，虽深必得。今夫幽夜，山陵之大，而离娄(传说中视力极强的人)不见；清朝(清早)日颛(明亮，音 tuān)，则上别飞鸟，下察秋毫(鸟兽在秋天新生的细毛，比喻微小的事物)。故目之见也，托日之势也。

　　得势之至，不参官(设置地位相等、互相牵制的官)而洁，陈(摆出，应用)数而物当(恰当，音 dàng)。今恃多官众吏，官立丞(官名，辅佐主要官员做事)、监(官名，监督官员)。夫置丞立监者，且以禁人之为利也；而丞、监亦欲为利，则何以相禁？故恃丞、监而治者，仅存之治也。通数者不然也。别(分解)其势，难(阻止，音 nàn)其道，故曰：其势难匿者，虽跖(春秋时的大盗，音 zhí)不为非焉。故先王贵势。

译　文

　　凡是有智慧的人,都重视形势与方法。所以先王不依仗自身的刚猛,而是依仗形势;不依仗官员的忠诚,而是依仗方法。那些飞蓬遇到大风能飞行千里,是因为凭借风的势头;探索深渊的人能测量出深渊有千仞之深,是利用绳子悬物的方法。所以,能依托形势的人,即使遥远也能到达;善于运用方法的人,虽然艰深也能取得。身处在黑暗的夜晚,就算是面对着巨大的高山,离娄也无法看见;到了清晨日明之时,不管是天空的飞鸟,还是鸟兽身上的细毛,都能一目了然。所以,眼睛能看清,是依托于太阳的形势。

　　将形势运用到极致,不设置大量互相牵制的官职也能保持官员的廉洁,合理地运用方法,事情就能恰当地完成。如今许多统治者借用大量的官员,设置辅佐之丞、监察之吏来相互牵制。设置辅佐之丞和监察之吏,其目的是禁止官员贪图私利;但是如果辅佐之丞和监察之吏自己也贪图私利,又怎么能去监督他人,他们自身又由谁来监督呢?所以依仗辅佐之丞和监察之吏来治理官员,只是权宜之策。精通方法的统治者不会这样。他们分解官员的权势,阻塞官员贪图私利的渠道,所以说:如果权势的运用透明公开,即使是像跖这样的大盗也不敢胡作非为。所以先王重视对形势的运用。

理　解

　　本篇出自《商君王·禁使》,阐述了外在形势和方法的重要性,主张治理国家既不能依靠统治者自身的强力,也不能指望崇高的人性,而要靠形势和方法,表达了法家的政治主张。

　　势,指客观存在的形势,既包括国家管理者手中的权势,也包含客观的人性及其趋势。数,指方法,面对客观存在的形势,要通过一定的方法去引导和规范形势,使形势向好的方向发展。法家认为,人性是贪婪的,追逐私利是人性的自然趋势,所以人性不能顺从,也难以改变,只能依靠一定的方法去引导和规范。人性是贪婪的,权势又会进一步为私利的谋求带来便利,所以权势也要加以引导和规范。法家认为,权力不应当集中掌握在某些人的手中,而应该加以分立,权责分明,此外,权力的运用还要透明公开,这些主张对当今社会的治理仍有许多借鉴意义。

国学常识

1.商鞅:战国时期政治家、改革家、思想家,法家代表人物,卫国国君的后裔,公孙氏,所以又称为卫鞅、公孙鞅,后因在河西之战中立功获封于商,又称为商鞅。商鞅在秦国主持变法,使秦国成为富裕强大的国家,史称"商鞅变法"。

第三十五课
宓子贱治单父

宓（音 fú）子贱治单（音 shàn）父，弹鸣琴（弹琴，比喻无为而治），身不下堂，而单父治。巫马期以星出，以星入，日夜不居，以身亲之，而单父亦治。巫马期问其故于宓子，宓子曰："我之谓任人，子之谓任力。任力者故劳，任人者故逸。"宓子则君子矣。逸四肢，全耳目，平心气，而百官以治，义（公正合宜的道理或举动）矣，任其数（方法）而已矣。巫马期则不然，弊（倒下，死亡，这里指耗费生命）生事（动词，使用，役使，这里指消耗）精，劳手足，烦（通"繁"，烦琐，繁多）教诏，虽治犹未至也。

译　文

宓子贱治理单父，只弹琴，不出公堂，单父就得到了治理。巫马期早出晚归，日夜操劳，亲自处理政事，单父也得到治理。巫马期向宓子贱请教其中原因，宓子贱说："我靠任用别人，你靠自己出力。自己出力所以劳累，任用别人所以安逸。"宓子贱是君子啊。他四肢安逸，耳目保全，心平气和，而百官都能得到很好的管理，这是正当而合宜的,是方法运用得当的结果。巫马期就不是这样,他耗费生命与精力,劳累手脚,发布许多烦琐的教令,虽然治理好了单父,但并未达到治理的最高境界。

理　解

本篇出自《吕氏春秋·开春论·察贤》,讲述了宓子贱和巫马期不同的治理方式,表达了对道家无为而治的赞扬。古代治理社会,大概有三种方式:一种是儒家的德治,以道德规范治理社会,崇尚美德,树立榜样,以激发人们的仁心、良知为目标;一种是法家的法治,法律至上,用法规刑律来治理社会,通过奖励和惩罚来约束人们的行为;一种是道家的无为而治,减少道德要求和法律规范,顺应人民本性,让人民平心静气,安分守己,以此来达到社会的安定。这篇文章认为宓子贱无为而治,治理社会的境界最高,说明了作者是道家思想的拥护者。

国 学 常 识

1.宓子贱:姓宓,名不齐,字子贱,又叫宓不齐,孔子的学生,春秋时期鲁国人。

2.单父:地名,鲁国境内,今山东省菏泽市单县。

3.巫马期:姓巫马,名施,字子期,又叫巫马施,孔子的弟子,春秋时期鲁国人。

第三十六课
魏文侯燕饮

　　魏文侯燕饮(设宴聚饮。燕：同"宴")**，皆令诸大夫论己。或言君之智也。至于任座，任座曰："君，不肖**(不贤，无才能)**君也。得中山不以封君之弟，而以封君之子，是以知君之不肖也。"文侯不说**(同"悦"，喜悦，音yuè)**，知于颜色**(脸色，面容)**。任座趋**(快走)**而出。次及翟**(音zhái)**黄，翟黄曰："君，贤君也。臣闻其主贤者，其臣之言直。今者任座之言直，是以知君之贤也。"文侯喜曰："可反欤**(语气助词，表示感叹、疑问，音yú)**?"翟黄对曰："奚为不可？臣闻忠臣毕**(全部)**其忠，而不敢远其死。座殆**(表示肯定，必定)**尚在于门。"翟黄往视之，任座在于门，以君令召之。任座入，文侯下阶而迎之，终座以为上客。文侯微**(无，非)**翟黄，则几**(将近，差一点)**失忠臣矣。上顺乎主心以显贤者，其唯翟黄乎！**

译　文

　　魏文侯设宴席召大臣们共同饮酒，命令每一位大夫都来评论自己。有人说君

083

王很有智慧。到了任座,任座说:"君王,您不贤能。得到中山国,不封赏给弟弟,却封赏给儿子,所以知道您不贤能。"魏文侯不高兴,看他的脸色就能明白。任座说完话就快步走了出去。然后轮到翟黄,翟黄说:"君王贤能。我听说君王贤能,大臣才能直言。今天任座直言,所以知道您贤能。"魏文侯听了很高兴,说:"可以使任座返回吗?"翟黄回答说:"为什么不可以呢? 我听说忠臣会竭尽他的忠心,即使是死,也不会远离他所忠诚的人。任座一定还在门外。"翟黄到门外看了看,任座果然在门外,于是就以君王的命令叫他进来。任座进来了,魏文侯走下台阶迎接他,此后终生都把任座奉为上宾。魏文侯如果没有翟黄,差点儿就失去了一位忠臣。顺着君王的心意还能尊显贤者,指的就是翟黄吧!

理 解

本篇出自《吕氏春秋·不苟论·自知》,讲述了魏国国相翟黄善于运用语言的智慧,既不违逆君王心意,又能以正道劝谏君王的故事。

语言是一门艺术,在语言中体现了真、善、美。语言要真,要发自于内心,不可花言巧语;语言要善,说出来的话要有善意,不可用语言去欺凌人,而要用语言去帮助人;语言要美,真实的、善意的话还要通过美妙的方式说出来,要让听者在愉快的心情中听取和接受所听到的话。在这个故事中,任座的语言不可不谓真与善,但距离美还差很多,翟黄的语言则是达到了真善美的统一。

国 学 常 识

1.魏文侯:战国时期魏国开国君王。

2.任座:战国时期魏文侯的谋士,说话耿直。

3.中山国:战国时期的诸侯国,由白狄建立。公元前 407 年,魏文侯派大将乐羊和吴起攻占中山国。

4.翟黄:也叫翟璜、翟触,战国时期魏国国相,辅佐魏文侯。

第三十七课
封人子高善说

　　韩氏城(动词,修筑城墙)新城,期(约定时间)十五日而成。段乔为司空,有一县后二日,段乔执(逮捕)其吏而囚之。囚者之子走(跑)告封人子高曰:"唯先生能活臣父之死,愿委(托付)之先生。"封人子高曰:"诺(表示答应)。"乃见段乔,自扶(攀)而上城。封人子高左右望曰:"美哉城乎! 一大功矣,子必有厚赏矣。自古及今,功若此其大也,而能无有罪戮者,未尝有也。"封人子高出,段乔使人夜解其吏之束缚也而出之。故曰封人子高为之言也,而匿(隐藏)己之为而为也;段乔听而行之也,匿己之行而行也。说之行若此其精也,封人子高可谓善说矣。

译　文

　　韩国要修建新的都城,规定十五天完成。大夫段乔任司空,有一个县超出期限两天,段乔逮捕了这个县的主管官员,并将他囚禁了起来。这个被囚禁的官员的儿子跑去告诉封人子高,说:"只有先生能拯救我的父亲,我想把这件事情托付给先生。"封人子高说:"好的。"于是他见到段乔,自己攀登上城墙,左右张望,说:"这个城墙修得真是美啊!算得上是一件大功劳了,您一定会得到重赏的。从古至今,能取得这么大的功劳,而又不处罚杀戮一个人的,还从来没有过。"封人子高走了,段乔派人在夜间解开被囚禁官员的绳索,释放了他。所以说,封人子高去说服人,说了却让人看不出来是在说服;段乔听从建议而去做了,做了却让人不知道是自己做的。说服别人的做法是如此精妙,封人子高可以说是善于说服别人了。

理　解

本篇出自《吕氏春秋·开春论·开春》,讲述了封人子高善于说服别人的故事。说话是一门艺术,也包括许多人生的智慧。一个人说话要清晰明了,层层推进,符合逻辑;一个人说话既要真诚无伪,又要优美动听,达到文质彬彬;一个人说话要心存善意,多说对人有利的话,不用语言去欺压人;一个人说话还要因人、因时、因地而宜,分对象、分时间、分场合,该直接的时候要直接,该婉转的时候要婉转,灵活应变。

国 学 常 识

1.韩氏:即韩国,战国时期诸侯国之一,公元前403年建国,公元前230年被秦国所灭。

2.司空:古代官名,掌管水利、建筑之事。

3.封人:古代官名,掌管筑城和守卫封疆的官员。

第三十八课
晏子使楚

晏子将使(出使)楚,楚王闻之,谓左右曰:"晏婴,齐之习辞(善于辞令,很会说话)者也。今方来,吾欲辱之,何以也?"左右对曰:"为其来也,臣请缚一人过王而行。王曰:'何为者也?'对曰:'齐人也。'王曰:'何坐(定罪)?'曰:'坐盗。'"

晏子至,楚王赐晏子酒,酒酣(酒喝得很畅快),吏二缚一人诣(到,特指到尊长那里去)王。王曰:"缚者曷(何,什么)为者也?"对曰:"齐人也,坐盗。"王视晏子曰:"齐人固善盗乎?"晏子避(离开)席对曰:"婴闻之,橘生淮南则为橘,生于淮北则为枳(落叶灌木,小枝多刺,果实黄绿色,味酸不可食,可入药,音 zhǐ),叶徒(只,仅仅)相似,其实味不同。所以然者何? 水土异也。今民生长于齐不盗,入楚则盗,得无楚之水土使民善盗耶?"

王笑曰:"圣人非所与熙(同"嬉",嬉戏)也,寡人反取病焉。"

译 文

晏子将要出使楚国,楚国的君王听说后,对身边的人说:"晏婴是齐国善于辞令的人。现在他来我这里,我想羞辱他一番,有什么办法?"楚王身边有人说:"等他来的时候,请让我捆绑一个人在您面前经过,大王问我:'这是什么人?'我回答说:'是齐国人。'您再问:'定的是什么罪?'我回答说:'是偷盗罪 。'"

晏子来到楚国,楚王赐给晏子酒喝,喝到畅快的时候,两个官吏捆着一个人来到楚王面前。楚王问:"捆着的人是干什么的?"官吏回答道:"是齐国人,犯了偷盗罪。"楚王看着晏子说:"齐国人本来就善于偷盗吗?"晏子离开座位,严肃地回答说:"我听说,橘树生长在淮河以南是橘树,生长在淮河以北就变成了枳树,两种树只是叶子相似,果实的味道却大不一样。为什么会这样呢? 是因为水土不同。如今,人生长在齐国不偷盗,进入楚国就偷盗,该不会是楚国的水土使人变得善于偷盗吧?"

楚王笑着说:"不能跟圣人开玩笑啊,我反而遭到羞辱了。"

理 解

本篇选自《晏子春秋·内篇杂下》,讲述了晏子出使楚国,面对楚王的刁难,机智应答,维护国家尊严的故事。

文中"橘生淮南则为橘,生于淮北则为枳"两句影响很大,今天还常常使用。这两句话告诉我们,不管是植物,还是人类,都很容易受到环境水土的影响,古人说"近朱者赤,近墨者黑"也是这个道理。所以,人们要选择良好的成长环境,这样才有利于我们培养美好的品德和增长学识。

国 学 常 识

1.晏子:名婴,字仲,又叫晏婴,春秋时期齐国著名的政治家和思想家。

2.《晏子春秋》:一部记载春秋齐国政治家晏婴言行的典籍。

第三十九课

原宪居鲁

原宪居鲁，**环堵**(四面围绕土墙的狭小屋子)**之室**，**茨**(覆盖房子用的茅或苇，音 cí)**以生草**(新生长出来的青草)，**蓬户**(用蓬草编成的门，形容穷苦人家的简陋房屋)**不完**，**桑以为枢**(门上的转轴，音 shū)，**而瓮牖**(以破瓮的口为窗。比喻家境贫寒。瓮：陶制盛器，音 wèng。牖：窗户，音 yǒu)**二室**，**褐**(粗布或粗布衣服，音 hè)**以为塞**。**上漏下湿**，**匡坐**(端坐，正坐)**而弦**。**子贡乘大马**，**中绀**(带有紫色的深蓝色，音 gàn)**而表素**，**轩车**(大夫以上所乘的带有帷幕的马车，形容马车高大豪华)**不容巷**，**往见原宪**。原宪**华冠**(用桦树皮做的帽子)**縰履**(没有后跟的鞋子。縰：音 xǐ)，**杖藜**(一种草本植物，茎直立，可以做拐杖，音 lí)**而应门**。**子贡曰："嘻**(叹词，表示惊叹)！**先生何病**(困难)？"**原宪应之曰："宪闻之：'无财谓之贫，学而不能行谓之病。'今宪贫也，非病也。"子贡逡巡**(向后退。逡：徘徊的样子，音 qūn)**而有愧色。原宪笑曰："夫希世**(迎合世俗，迎合统治者的意志)**而行，比周**(没有原则地去结交朋友)**而友，学以为人，教以为己，仁义之慝**(把心隐藏起来，表面做一套，心里想一套，音 tè)，**舆马之饰，宪不忍为也！"**

译　文

原宪住在鲁国,居室狭小,屋顶用青草覆盖,门用蓬草编成还不完整,门上的转轴用桑条做成,以破瓮的口为二室的窗户,用粗布隔挡窗口。房子上面漏雨,地面潮湿,原宪却端坐着弹琴。子贡乘坐着大马拉着的车子,穿着深蓝色的外套,衬着素白色的里衣,小巷容不下那高大的马车,就这样去见原宪。原宪戴着桦树皮做的帽子,穿着没有后跟的鞋,拄着藜草茎做的手杖开门迎客。子贡说:"哎呀! 先生为何这么困难?"原宪回答说:"我听说:'没有钱财叫作贫穷,学了道理却不能践行叫作困难。'现在我是贫穷,而不是困难。"子贡听了后向后退却,脸上现出羞愧的颜色。原宪笑着说:"迎合世俗和统治者的意志,没有原则地去结交朋友,为了炫耀于人而学习,为了求得利益而施教,表面仁义,心中不正,用车马来抬高自己,这些我不忍心去做。"

理　解

本篇出自《庄子·让王》,描写了原宪与子贡的一段对话,表达了庄子去妄存真的思想与高远的精神境界。

士追求"道","道"是宇宙与人生的真谛,士应将"道"返归于内心之中,成为做人的原则与精神的状态,做到知行合一。读书人以"道"为理想,弘扬大道,而不能反过来利用"道"来为自己谋私利;利用"道"来为自己谋利,学习的初衷就会变质,就会为了利益而放弃"道"的要求和内心所坚守的原则,就会表里不一,成为一个虚伪的人。孔子说"人能弘道,非道弘人",讲的就是这个道理。学习的初衷是提升自己的修养、明白人生的道理,而不是将学习作为工具,利用知识去谋利,所以,读书人要追求"为己之学",而不要去"为人之学"。

庄子以"真人"为人格理想,成为一个真人,就要听从"道"的呼唤,不要被外在的名誉和财富来动摇和左右自己的内心,因为名利与真理是不能等同的,名利常常遮蔽了真理。所以,只有超越了名和利,一个人的用心和行事才能归于真实。

国学常识

1.原宪:孔子弟子,春秋时期宋国人,出身贫寒,一生安贫乐道。

2.子贡:孔子弟子,春秋时期卫国人,以言语闻名,办事通达,善于雄辩与经商。

　　鲁南宫敬叔言鲁君曰："请与孔子适（前往）周。"鲁君与之一乘（量词，马车的单位，一辆马车叫一乘，音 shèng）车，两马，一竖子俱（在一起），适周问礼，盖见老子云（文言助词，没有实在意义）。辞去，而老子送之曰："吾闻富贵者送人以财，仁人者送人以言。吾不能富贵，窃（不应当拥有而拥有，常表示自谦）仁人之号，送子以言，曰：'聪明深察而近于死者，好议人者也。博辩广大危其身者，发人之恶者也。为人子者毋（不要，音 wú）以有己，为人臣者毋以有己。'"孔子自周反（通"返"，返回）于鲁，弟子稍益进焉。

译 文

　　鲁国人南宫敬叔对鲁国君王说："请让我与孔子一起到成周去。"鲁君给了一辆车子、两匹马和一名童仆，于是前往成周去学礼，据说见到了老子。告辞时，老子送他们时说："我听说富贵的人用财物送人，德行高的人用言辞送人。我不是富贵的人，只能窃用德行高的人的名号送给你们几句话。这几句话是：'聪明洞察的人如果受到死亡的威胁,是因为他喜欢议论别人。博学善辩、见识广阔的人如果身处危险,是因为他喜欢揭露别人的缺点。做子女的,只有放下自我,才能服侍好父母;做臣子的,只有放下自我,才能服务好国家。'"孔子从周回到鲁国后,跟从他学习的弟子们渐渐获得了进步。

理　解

此篇出自《史记·孔子世家》,讲述了孔子到成周向老子学礼的故事。孔子是儒家的创始人,老子是道家的创始人,两个人都是伟大的思想家。孔子与老子的思想虽然有一些共通之处,但也存在许多差异。比如孔子主张积极入世,见义勇为,发挥自己的聪明才智,改造乱世,推动社会的进步;而老子主张以保存自己为首要任务,认为社会的发展有自己的规律,人们不可自以为是,不要自作主张。

国 学 常 识

1.周:中国古代的一个朝代,继商朝之后。周朝分为西周与东周两个时期,东周也是春秋的开始。这里的"周"是指成周,成周是东周的首都,位于今天的河南洛阳。

2.《史记》:西汉史学家司马迁撰写的史书,记载了从上古黄帝到汉武帝之间共三千多年的历史,是中国历史上第一部纪传体通史,被列为"二十四史"之首。

第四十一课
问难之道

　　世儒学者,好信师而是(赞同,肯定)古,以为贤圣所言皆无非,专精讲习,不知难问(质疑。难:音 nàn)。夫贤圣下笔造文,用意详审,尚未可谓尽得实,况仓卒(急促,匆忙)吐言,安能皆是?不能皆是,时人不知难;或是,而意沉(隐晦)难见,时人不知问。案(考查,研究)贤圣之言,上下多相违;其文,前后多相伐(矛盾)者。世之学者,不能知也。

　　凡学问之法,不为无才,难于距(同"拒",问难)师,核道实义,证定是非也。问难之道,非必对圣人及生时也。世之解说说人者,非必须圣人教告,乃敢言也。苟有不晓解之问,追难孔子,何伤于义?诚(果真,的确)有传圣业之知,伐(反驳,批评)孔子之说,何逆于理?谓问孔子之言,难其不解之文,世间弘才大知(同"智",智慧),能答问解难之人,必将贤(尊重)吾世间难问之言。

096

译 文

当今的儒生学者,喜欢迷信老师,崇拜古人,认为凡是圣贤说的话都是对的,专心致志地讲授学习,不知道质疑。圣贤下笔写文章,即使构思周密,也难以面面俱到,更何况有些是在匆忙中说的话,怎么能全对呢?圣贤的话不是全对,但当时的人不知道反对;有的话虽然正确,但意思隐晦,难以明白,当时的人也不懂得去追问。根据我的研究,圣贤的话,有许多是前后违背的,他们的文章,有许多是互相矛盾的。当今的学者却不知道。

做学问的方法,不在于有没有才能,难在敢于质疑老师,并核实道理,确定是非。质疑,不一定非要面对圣人,赶在他活着的时候。当今有些人通过解说圣人的话来教导别人,其解说不一定都是圣人说过的话,圣人没说过,也能敢于去说。如果有不理解的问题,追问责难孔子,这对道理有什么损害呢?如果确实有人具有传授圣人学业的才智,反驳孔子的观点,又怎么会背离道理呢?追问孔子的言论,对不能理解的意思提出疑问,世间如果有才高智深且能解答疑问、应对质疑的人,一定会尊重我的难问。

理 解

这两段话节选自《论衡·问孔》,作者批评了当时学生迷信老师、盲目崇拜古人的学风,认为做学问要勇敢地质疑古代圣贤、老师,在反思中获得真知,在批判中发展知识。

汉代之后,《诗》《书》《礼》《易》《春秋》上升为"经",《论语》和《孝经》也成为读书人必读的书,在国家的推崇之下,儒家的这些书籍成为神圣不可怀疑的经典,孔子也被神化。这些做法,一方面使儒家思想迅速得到传播,但另一方面也阻碍了中国古代学者独立思考和反思批判精神的培养。王充在当时能够勇敢地提出批评,显得尤为珍贵。相对于中国古代来说,西方传统就非常重视反思和批判的精神,古希腊哲学家亚里士多德曾说:"吾爱吾师,吾更爱真理。"这是需要我们学习和借鉴的。当代中国弘扬中华优秀传统文化,也必须敢于质疑古人,在继承和批判中实现创新。

国 学 常 识

1.《论衡》:东汉思想家王充所作,"衡"是天平、称量的意思,书名"论衡"表示作者要对当时通行的诸多观念和说法进行重新评判。

2.王充:字仲任,东汉著名思想家,今浙江上虞人,师从史学家班彪,不守一家之言而好博览各家之说,擅长辩论,专心著作。

第四十二课
华封三祝

　　尧观乎华。华封人曰："嘻(叹词,表示赞叹),圣人!请祝圣人,使圣人寿。"尧曰："辞(推却不受)。""使圣人富。"尧曰："辞。""使圣人多男子。"尧曰："辞。"封人曰："寿、富、多男子,人之所欲也。女(同"汝",你)独不欲,何邪(同"耶",疑问词)?"尧曰："多男子,则多惧;富,则多事;寿,则多辱。是三者,非所以养德也,故辞。"封人曰："始也,我以女为圣人邪;今然,君子也。天生万民,必授之职。多男子而授之职,则何惧之有!富而使人分之,则何事之有!夫圣人鹑居(像鹌鹑一样居无定所。鹑:鹌鹑,一种鸟类,喜欢在野外居住,没有固定的处所,音 chún)而鷇食(像幼鸟一样仰食而足。鷇:音 kòu,须母鸟哺食的幼鸟),鸟行而无彰(显著)。天下有道,则与物皆昌;天下无道,则修德就闲(闲居在家)。千岁厌世,去而上仙;乘彼白云,至于帝乡。三患莫至,身常无殃,则何辱之有!"封人去之,尧随之,曰："请问。"封人曰："退已!"

译　文

尧到华这个地方巡视。华地看守边疆的人说:"啊,圣人!请让我祝福圣人,祝圣人长寿。"尧说:"不用了。""祝圣人富有。"尧说:"不用了。""祝圣人多生男孩。"尧说:"不用了。"看守边疆的人说:"长寿、富有、多生男孩,都是人们所希望的。你偏偏不想要,为何啊?"尧说:"多生男孩,会增多忧惧;富有,会多出许多麻烦;长寿,会多多受辱。这三样东西,对修身养性无益,所以我推辞掉。"看守边疆的人说:"开始我以为你是圣人,如今看起来,你只是一个君子。上天诞生这么多人,一定有适合他们的工作,男子多了,就分配给他们工作的岗位,这有什么可忧惧的呢!富有了,把财物分散给大家,这又怎么会带来麻烦呢!圣人像鹌鹑一样居无定所,像幼鸟一样仰食而足,像飞鸟一样不留痕迹。天下太平时,就与万物一起昌盛;天下混乱时,就在家闲居,独自修养。千年之后厌倦人间了,就升天成为神仙;乘着那白云,到达天帝的居所。这三种忧患都不会到来,身体永远没有灾殃,又怎么会有困辱呢!"看守边疆的人离去了,尧跟随着他,说:"请求能再得到您的教诲。"看守边疆的人说:"你回去吧!"

理　解

本篇出自《庄子·天地》,讲述了华地封人祝愿帝尧富有、多子、长寿,而帝尧拒绝的故事,阐述了庄子的人生智慧。

富有、多子、长寿,是大多数人都想得到的,但是帝尧不愿得到,因为他害怕被这三样东西所连累。的确,一个人的财富多了,往往会生起傲慢的心,简单平静的生活也容易被打破;子女多了,操劳和担心也常常会变多;寿命越长,人生牵挂往往也会随之增多,许多东西也难以放下。所以帝尧想尽可能地远离这三样东西,拒绝了华地封人的祝福。

但是在华地封人看来,帝尧的这种做法只是君子所为,还没有达到圣人的境界。在古人的人格理想中,君子比圣人的境界要低一些,君子是大道的追寻者,他们坚守原则,一丝不苟,却没有达到像圣人那样的自由和通达。在圣人眼中,富有、多子、长寿,都只是外在的条件和环境,不会改变自己的人生理想和精神状态。财富来了,只要合法就接受,利用财富去做有益的事情;财富走了,也不必去挽留。子女多了,就好好培养;少了也不要遗憾。寿命长了,就好好享受人生;短了也能看淡,顺其自然。不刻意拒绝,也不主动迎合,人生就不会受到任何事物的连累,这就是道家圣人的"中道"境界。

国 学 常 识

1.封人:古代官名,掌管筑城、看守疆界四周的树木等。

2.尧:号陶唐氏,又叫唐尧,中国上古时期部落联盟首领,"五帝"之一,老了之后禅让于舜。尧德高望重,被后世儒家奉为圣明君主的典型。

第四十三课

涸辙之鲋

　　庄周家贫,故往贷(借)粟于监河侯。监河侯曰:"诺(答应,允许)。我将得邑金(年终向采邑内百姓所征收的税粮),将贷子三百金,可乎?"庄周忿然作色(成语,因为气愤而脸有怒色)曰:"周昨来,有中道而呼者。周顾视,车辙(车轮碾过的痕迹)中有鲋鱼(鲫鱼的别名。鲋:音fù)焉。周问之曰:'鲋鱼来(语气助词)!子何为者邪?'对曰:'我,东海之波臣(水族)也。君岂有斗升之水而活我哉?'周曰:'诺。我且(将要)南游(游说)吴、越之王,激西河之水而迎子,可乎?'鲋鱼忿然作色曰:'吾失我常与(常相共处,这里指水),我无所处。吾得斗升之水然活耳,君乃言此,曾(竟,还,音zēng)不如早索我于枯鱼之肆(市场,店铺)!'"

 译文

　　庄子家中贫穷,所以去向监河侯借粮。监河侯说:"行。我到年底可以得到百姓交来的税粮,到那时借你三百金的粮食,可以吗?"庄子脸色一沉,生气地说:"我昨天来的时候,在半路上听到有人呼叫。我回头一看,车辙里有一条鲫鱼。我问它说:'鲫鱼啊! 你要做什么?'鲫鱼说:'我是东海水族,你能用一斗或一升水来救活我吗?'庄子说:'行。我将要去游说南方吴、越两国的君王,到时我请他们引发西江之水来迎接你,可以吗?'鲫鱼生气地变了脸色,说道:'我失去了常相共处的水,没有了存身之处。我只要有一斗或一升水就可以活命,你这样说,还不如早点到干鱼市场去找我呢!'"

理　解

本篇出自《庄子·外物》。庄子通过涸辙之鲋的寓言故事表达了他"自适""自得"的思想观点。

庄子认为,世界万物,大小多少,本来不存在尊卑、好坏、美丑的区别,只要适合自己本性的就是好的,不适合自己本性的就是不好的,能满足需要的就是好的,不能满足需要的就是不好的。所以,我们应当平等地看待万物,不要对万物作主观上的是非分别,就好像对这条鲫鱼来说,西河之水就一定比斗升之水好吗? 同时,对待万物,我们应该尽可能地尊重事物的本性,顺从物情,而不要自以为是,做出违背事物本性的事情。一个人也只有顺应了自己的本性,他的生活和工作才不会感到厌烦,才能适宜而自得其乐。

国学常识

1.涸辙之鲋:这个成语出自这篇文章,字面的意思是水干了的车辙里的小鱼,比喻在困境中急待援救的人。

第四十四课
螳螂捕蝉

　　庄周游乎雕陵之樊(边沿，旁边)，睹一异鹊，自南方来者，翼广七尺，目大运(南北纵向的距离，这里指直径)寸，感(感触，这里形容鹊鸟飞行时离庄子的额头很近，好像触到庄子一样)周之颡(额头，音 sǎng)，而集(停留)于栗林。庄周曰："此何鸟哉？翼殷(大)不逝(不远飞)，目大不睹。"蹇(通"褰"，揭起，音 qiān)裳(衣裙，音 cháng)躩(快步，音 jué)步，执弹而留之。睹一蝉，方得美荫而忘其身；螳螂执翳(遮蔽，音 yì)而搏之，见得而忘其形；异鹊从而利之，见利而忘其真。庄周怵然(惊惧的样子。怵：音 chù)曰："噫！物固相累，二类相召也。"捐弹而反走(迅速逃跑)，虞人逐而谇(责骂，音 suì)之。

译　文

　　庄子在一个叫雕陵的小山旁游玩，看见一只异常大的鹊鸟从南方飞来，它的翅膀横过来有七尺，眼睛的直径有一寸，贴着庄子额头飞过，然后落在栗树林中。庄子说："这是什么鸟？翅膀大却不远飞，眼睛大却看不清。"于是揭起衣裳，快步走过去,拿起弹弓,准备伺机发射。这时看见一只蝉,正停在浓密的树荫下而忘记了自己的安全;一只螳螂利用树叶的遮蔽准备趁机捕捉蝉,它看见有所得而忘记了自己的形体;那只异常大的鹊鸟又将螳螂当作自己的利益,看见了利益而忘记了自己的真性。庄子惊惧地说:"唉!事物因彼此的利益既相互吸引,又相互连累。"于是扔掉弹弓迅速逃跑,看管山林的人在后面边追边骂。

本篇出自《庄子·山木》,通过庄子所经历的一件有趣的事情,讲述了一个非常深刻的道理。求得利益是人之常情,也是人的正常欲求,但是利益又常常会迷惑人心,利益在前,有时就会把道德原则、法律要求抛在脑后。所以,古人常常教育人们不可见利忘义,而要见利思义,君子爱财,取之有道。

螳螂看见蝉,于是忘记了自己的安危;异鹊看见了螳螂这个猎物,也忘记了自己的安危;庄子看见了异鹊,也同样忘记了自己,原来虞人正在庄子身边,准备抓捕偷猎的人。所以,利益会让人们忘记自己的安危,一个人要想保存自己,远离危险,一定要警惕利益,不要被眼前的利益迷惑,否则很容易损失更大的利益。

国学常识

1.虞人:古代官名,西周时开始设置,主要职责是守护山林河川,掌管草木鸟兽。

2.螳螂捕蝉,黄雀在后:这个成语出自于这篇文章,讽刺了那些只顾眼前利益,不顾身后祸患的人,它告诉人们在处理事情时,不要只顾眼前利益,而要深思熟虑,多考虑后果。

第四十五课
大器晚成

楚庄王莅(治理,统治,音lì)政三年,无令发,无政为也。右司马御座(也作"御坐",侍坐,陪坐)而与王隐(暗暗地,这里指暗示)曰:"有鸟止南方之阜(土山,音fù),三年不翅,不飞不鸣,嘿然(默然。嘿:同"默",音mò)无声,此为何名?"王曰:"三年不翅,将以长羽翼。不飞不鸣,将以观民则。虽无飞,飞必冲天;虽无鸣,鸣必惊人。子释(放下,解除)之,不谷(古代君侯自称不善的谦词)知之矣。"处半年,乃自听政,所废者十,所起者九,诛大臣五,举处士(有才学而隐居不做官的人)六,而邦大治。举兵诛齐,败(战胜,使失败)之徐州,胜晋于河雍,合诸侯于宋,遂霸天下。庄王不为小害善,故有大名;不蚤(通"早")见示,故有大功。故曰:"大器晚成,大音希声。"

 译 文

楚庄王即位三年,没有发布命令,没有政绩。右司马在旁边侍坐,对君王暗示道:"有一只鸟落在南方的土山上,三年不展翅,不飞也不叫,沉默无声,这是怎么回事呢?"楚王说:"三年不展翅,是要生长羽翼。不飞也不叫,是要观察人们的行为准则。虽然没有飞,一飞一定冲天;虽然没有叫,一叫一定惊人。你不要担心了,我已经明白了。"过了半年,庄王亲自处理政事,废弃了十件大事,兴办了九件大事,诛杀了五位乱臣,提拔了六位没有官职的人才,国家得到了大治。然后发兵讨伐齐国,在徐州打败了齐国,在河雍战胜了晋国,在宋国召集诸侯会合,于是称霸天下。楚庄王不去做会损害到大事的小事,所以有大的名声;不早早地表现自己的才能,所以能成就大的功业。所以说:"珍贵的器物不是一朝一夕能够完成的,完美的天籁之声是难以用耳朵听见的。"

理 解

本篇出自《韩非子·喻老》,讲述了楚庄王大器晚成、一鸣惊人的故事。"大器晚成""大音希声"这两句话都出自于《老子》。老子认为,一个人想要谋取更大的目标,就要能够放下眼前的名誉和利益,有所为,有所不为,想要真正地有所作为,就要懂得放弃,学会拒绝。孔子也说"小不忍,则乱大谋",说的是同样的意思。每个人的精力都是有限的,每天纠缠于身边的琐事,会让人没有精力去思考和完成远大的目标。而且,远大的目标也不是一天、两天就能够完成的,它需要长久的积累、酝酿,最终才能一鸣惊人。所以能成大事的人,都能沉得住气,不为眼前的功名而心动。

国 学 常 识

1.楚庄王:春秋时期楚国国君,公元前613—前591年在位,"春秋五霸"之一。

2.右司马:古代官名,西周时期开始设置,主要掌管军政和军赋等与战争相关的事务。春秋战国时,战争频繁,许多国家设置左司马和右司马,对战争事务具体分工。

第四十六课
鼓盆而歌

庄子妻死，惠子吊(祭奠死者，或对遭到丧事的人家给予慰问)之，庄子则方(正在，正当)箕踞(两腿舒展而坐，形如簸箕，是一种随意不拘礼节的坐法。箕:音 jī。踞:音 jù)鼓(敲击)盆而歌。惠子曰:"与人居，长子，老身，死不哭，亦足矣，又鼓盆而歌，不亦甚乎!"庄子曰:"不然，是其始死也，我独何能无慨(通"慨"，感慨)然!察其始而本无生;非徒(只，仅仅)无生也，而本无形;非徒无形也，而本无气。杂乎芒芴(混沌，形容事物没有形成之前的原始状态。芒:通"茫"，模糊不清。芴:通"惚"，恍恍惚惚，音 hū)之间，变而有气，气变而有形，形变而有生，今又变而之死，是相与(同行，相偕)为春秋冬夏四时行也。人且偃然(仰卧的样子，也形容安息的样子)寝于巨室(宇宙天地)，而我噭噭(状声词，形容哭泣的声音，音 jiào)然随而哭之，自以为不通乎命，故止也。"

108

译 文

庄子的妻子死了,惠子前来吊丧,庄子正两腿岔开坐在那里,一边敲击着盆,一边唱歌。惠子说:"你与妻子共同生活,养育子女,白头偕老,现在妻子死了,你不哭也就够过分的了,还敲着盆唱歌,是不是太过分了!"庄子说:"不是这样的,在她刚死时,我怎么能不悲伤呢!然而推究起来,在她出生之前,本来是没有生命的;不仅没有生命,而且本来还没有形体;不仅没有形体,连构成她形体的元气本来都没有。一开始只是混杂在混沌之中,混沌经过变化有了元气,元气经过变化产生了形体,形体再经过变化才有了她的生命,如今她的生命又经过变化而死亡,这是跟随着春夏秋冬四季一同在流行。如今她安静地仰卧在天地之间,我却呜呜地跟着痛哭,我认为这是不明白生命的道理,所以就不再哭了。"

理 解

本篇文章出自《庄子·至乐》,讲述了庄子妻死,庄子鼓盆而歌的故事,表达了庄子独特的生命体验与智慧。

对于儒家来说,亲人死了之后,心中怀有忧伤,通过丧礼来表达和寄托内心的伤感,而庄子作为道家的代表人物,则主张顺其自然。所谓自然,既不是外在的自然物,也不是自己的心情和喜好,而是宇宙与生命共同遵循的根本规律。庄子认为,生命的产生与死亡都是宇宙自然运动的结果,人因为受到情感和思虑的影响,所以好生而恶死,但是对于自然来说,生死好像四季的变迁,是再正常不过的事情。而且,生命来自于自然,死了之后又复归于自然,自然就是生命的家园,就好像树叶从生长到枯萎,然后落叶归根,又重新化为自然,来年又有新芽萌发。所以,万物都跟随着宇宙的自然运动,生生死死,死死生生,哪里又有一个生的开始? 哪里又有一个死的结束呢?

庄子认为,如果人们一任自然,与自然一同大化流行,就可以超越世俗的离合悲欢,而获得精神上的独立与自由。

国 学 常 识

1.气:中国传统文化中的重要概念。古人认为,一切生命从本原上来说都是由气构成的,一个人活着叫"有气",死了叫"没气""断气",一个人乃至一个朝代的寿命叫"气数"。气是生命的来源,所以称作"元气"。元气的状态是混合为一的,所以又形容为混沌、恍惚。元气经过变化,分为阳气和阴气,阳气和阴气在对立与融合中便产生了万物。

2.鼓盆而歌:这个成语出自于这篇文章,表示对生死的乐观态度。

第四十七课
轮扁斫轮

　　桓公读书于堂上,轮扁斫(用刀、斧等砍劈,音 zhuó)轮于堂下,释椎凿而上,问桓公曰:"敢问:公之所读者,何言邪(同疑问词"耶")?"公曰:"圣人之言也。"曰:"圣人在乎?"公曰:"已死矣。"曰:"然则君之所读者,古人之糟魄(糟粕)已夫!"桓公曰:"寡人读书,轮人安得议乎! 有说则可,无说则死!"轮扁曰:"臣也以臣之事观之。斫轮,徐(宽)则甘(疏松)而不固,疾(紧)则苦(干涩)而不入,不徐不疾,得之于手而应于心,口不能言,有数(技艺)存焉于其间。臣不能以喻(明白)臣之子,臣之子亦不能受之于臣,是以行年(年龄)七十而老斫轮。古之人与其不可传也死矣,然则君之所读者,古人之糟魄已夫!"

　　齐桓公在宫殿里读书,轮扁在宫殿外砍制车轮,他放下手中的锥子和凿子走上堂来,问桓公:"请问,您读的书说了些什么啊?"桓公说:"说的是圣人的话。"轮扁说:"圣人还活着吗?"桓公说:"已经死了。"轮扁说:"既然如此,那么君王您读到的只是古人的糟粕罢了！"桓公说："我在读书，你一个制作车轮的工匠怎能妄议！你能说出个道理来就算了，如果说不出个道理，就处死你！"轮扁回答道："我是从我所做的事情中来看的。砍制车轮，榫眼宽了，衔接处就会疏松而不坚固；榫眼紧了，衔接处就会干涩而不能进入。要想达到不宽不松，恰到好处，不仅手要熟练，心还要灵通，这些不是语言能表达出来的，而真正的技艺就存在于其中。这些东西，我不能明确地教给我的儿子，我的儿子也不能直接从我这里继承，所以我已经七十岁了还在砍制车轮。古人和他那无法传授的东西都一同消失了，那么您所读的书，只是古人的糟粕而已！"

理　解

本篇出自《庄子·天道》，工匠轮扁以砍制车轮为例，向齐桓公阐述了圣人之言皆圣人糟粕的深刻思想。

语言是心意的表达，然而，语言既能刻意地掩盖心意，如谎言，有时又难以完全地传达心意，尤其是在涉及一些玄奥的哲理与复杂的心情时，词不达意的现象就会非常普遍。子贡是孔子的学生，他曾说："夫子之文章，可得而闻也；夫子之言性与天道，不可得而闻也。"意思是：孔子讲授文章时，学生们能够明白意思；但是关于孔子讲的人性与天道这些深奥的思想，却不能直接听闻而得到。由此可见，有些具体的知识是可以从书本和老师那里学来的，还有一些玄妙的智慧却不能从书本中直接得到，这就需要我们用心灵去感悟、在生活中去体会。

国 学 常 识

1.轮扁：人名，春秋时期齐国有名的造车工匠。

2.齐桓公:姓姜,氏吕,名小白,姜太公吕尚的第十二代孙,春秋时齐国第十五位国君,"春秋五霸"之首。

3.轮扁斫轮:成语,出自此篇,指精湛的技艺。

第四十八课
天下为公

　　昔先圣王之治天下也,必先公,公则天下平(和平)矣。平得于公。尝试观于上志(古代典籍中的记载),有得天下者众矣,其得之以公,其失之必以偏(偏私,不公正)。凡主之立也,生于公。故《鸿范》曰:"无偏无党(由私人利益结成的小集团),王道荡荡(广大);无偏无颇(偏颇,倾侧),遵王之义;无或作好,遵王之道;无或作恶,遵王之路。"

　　天下非一人之天下也,天下之天下也。阴阳之和,不长(崇尚,偏爱,音zhǎng)一类;甘露时雨,不私一物;万民之主,不阿(迎合,讨好,音ē)一人。

　　伯禽将行,请所以治鲁,周公曰:"利而勿利也。"荆人有遗弓者而不肯索(寻找),曰:"荆人遗之,荆人得之,又何索焉?"孔子闻之,曰:"去其荆而可矣。"老聃闻之,曰:"去其人而可矣。"故老聃则至公矣。天地大矣,生而弗(不)子,成而弗有,万物皆被(加,施加)其泽(恩惠,恩泽),得其利,而莫知其所由始,此三皇、五帝之德也。

译 文

　　过去圣明的君王治理天下,一定要先公正,公正了天下才能和平。和平来自于公正。我尝试着以古代典籍的记载来论,古往今来得到天下的人很多,他们都是靠着公正得到了天下,也是因为不公正而失去了天下。大凡君主之位能长久树立,都是出于公正。所以《鸿范》中说:"不要偏私,不要结党,王道多么广大;不要偏私,不要倾侧,遵循先王的法则;不要依据个人的喜好,而要遵循先王的正道;不要依据个人的厌恶,而要遵循先王的正路。"

　　天下不是一个人独占的天下,而是天下万物共有的天下。阴气与阳气的和合构成了万物,不助长某一类事物;上天降雨润物,不专施某一个事物;圣明的君主统治万民,也不偏爱某一个人。

　　伯禽即将前往鲁国,向周公请教治理国家的方法,周公说:"多利人,不要自利。"楚国有个人丢失了弓箭,却不寻找,说:"楚国人丢了,会有楚国人得到,何必要寻找呢?"孔子听到后说:"不局限于楚国人就好了。"老子听到后说:"不局限于人就更好了。"所以老子是最广大无私的。天地很伟大,生养万物,却不将万物当作自己的子女所独有,成全万物,而不想支配万物,万物在天地的孕育之下,都受到恩泽,得到利益,却感受不到天地的付出,三皇、五帝的美德正像天地一样。

理 解

　　本篇出自《吕氏春秋·孟春纪·贵公》,阐述了中国古代非常重要的天下为公的思想,也表现了作者的道家思想倾向。

　　公与私相对,大公无私。人生来有自私自利的一面,而后天的修养与提升正是对自我的超越,不将自我当作中心,平等地看待自我与他人乃至万物。对于国家统治者和管理者来说,他们手中掌握着社会资源分配的权力,更加不能自私或偏袒,否则必然会伤害广大百姓的利益,害人并害己。

　　文中楚人丢失了弓箭却不寻找,觉得让其他的楚人得到与自己拥有是一样的,表现了对自我的超越,将自我与国人平等地看待。但是孔子觉得这样的境界不够高,仁爱应该是没有国界的,应当一视同仁,人人平等,可以看出,孔子的境界比这位楚国人高出不少。但是老子认为,孔子的境界仍然不够高,孔子仍然是以人类为中心,应该将人类与万物都平等地看待,这才是真正的公正与平等。由此可见,公正也有境界高低和范围广狭的区别。

国 学 常 识

　　1.《鸿范》:即《洪范》,出自《尚书》。《尚书》为"五经"之一,又称《书经》,儒家重要经典,是上古历史文献和政府公务文书的汇编。

　　2.伯禽:姓姬,名禽,周文王姬昌的孙子,周公旦的长子。周公受封鲁国,但因周公在京都辅佐周成王,派伯禽代其受封鲁国。所以,伯禽是鲁国第一任国君。

　　3.周公:姓姬,名旦,周文王的第四子,周武王姬发的弟弟,西周杰出的思想家、教育家和政治家,制作礼乐,被尊为儒家先驱。

　　4.荆人:楚人的另一种称呼。

第四十九课

圣人贵时

墨者有田鸠,欲见秦惠王,留秦三年而弗得见。客(门下食客)有言之于楚王者,往见楚王。楚王说(通"悦",高兴,音 yuè)之,与将军之节(符节,古代使者所持的凭证)以如(去,往)秦。至,因(凭借,依靠)见惠王。告人曰:"之(到,往)秦之道,乃之楚乎!"固有近之而远,远之而近者。时亦然。

故有道之士未遇时,隐匿分窜(隐匿),勤以待时。时至,有从布衣而为天子者,有从千乘(一千辆兵车,这里代指小国诸侯。乘:音 shèng)而得天下者,有从卑贱而佐三王(夏、商、周三代之君)者,有从匹夫而报万乘者。故圣人之所贵,唯时也。水冻方固,后稷不种,后稷之种必待春。故人虽智而不遇时,无功。方(正当)叶之茂美,终日采之而不知;秋霜既下,众林皆羸(衰弱,这里形容树叶枯萎凋落,音 léi)。事之难易,不在小大,务在知时。

译 文

墨家有个叫田鸠的人，想见秦惠王，在秦国住了三年也没有见到。田鸠有个门客去向楚王说了一番话，于是田鸠去见楚王。楚王见到他后很高兴，给了他将军的符节，派他去秦国。到了秦国后，凭借着符节见到了秦惠王。于是，田鸠告诉别人说："到秦国见秦惠王的途径，是先到楚国啊！"原来还有离得近反而远、离得远反而近的道理。时机的作用也是这样。

所以，明白道理的人在没有遇到时机的时候，就各自隐藏起来，勤奋刻苦，等待时机。当时机到来了，有的人从平民而成为天子，有的人由小国诸侯进而得到天下，有的人从卑贱的地位而上升为三王的辅相，有的虽是普通百姓却能向大国之君报仇。所以圣人所看重的，只是时机。水冻得正坚固时，后稷不去耕种，一定要等到春天到来时才去耕种。所以人即使有智慧，如果缺少有利的时机，也是徒劳无功。正当树叶长得茂盛的时候，整天采摘也不觉得叶子会采光；等到秋霜降下之后，所有树林里的树叶都会凋落。事情的难易程度，不在于大小，而在于能否把握时机。

理 解

此篇出自《吕氏春秋·孝行览》，讲述了田鸠在秦国多年见不到秦王，后来到了楚国，借助楚国使者的身份反而轻而易举地见到秦王的故事，说明了时机的重要性。

古人认为，事情成功需要有天时、地利、人和，这三者缺一不可。天时，既是指天地自然的规律，把握天时就要顺应自然，又指社会历史的形势与机遇，时势造英雄，只有顺应了时代的要求，把握了社会发展的机遇，才能取得功业。所以，事业的成功不仅要有自身的努力，而且还要懂得把握时机。

国 学 常 识

1.墨家:春秋诸子百家之一,由墨翟创立,春秋时与儒家并为显学。

2.田鸠:战国时期齐国人,墨家弟子。

3.秦惠王:战国时期的秦国国君,秦孝公之子,公元前337—前311年在位。

4.后稷:周朝的先祖,曾经被尧举荐为农师,教人民耕种谷物,被誉为中国农耕文明的始祖。

第五十课
扁鹊见蔡桓公

扁鹊见蔡桓公，立有间(一会儿)，扁鹊曰："君有疾在腠理(中医指皮肤的纹理和皮下肌肉之间的空隙。腠：音còu)，不治将恐深。"桓侯曰："寡人无。"扁鹊出，桓侯曰："医之好治不病以为功。"居十日，扁鹊复见曰："君之病在肌肤，不治将益深。"桓侯不应。扁鹊出，桓侯又不悦。居十日，扁鹊复见曰："君之病在肠胃，不治将益深。"桓侯又不应。扁鹊出，桓侯又不悦。居十日，扁鹊望桓侯而还(回头，转头，音huán)走。桓侯故(特意地，存心地)使人问之，扁鹊曰："疾在腠理，汤(同"烫"，加热、热敷，音tàng)熨(用药热敷，音yùn)之所及也；在肌肤，针石(一种中医治疗方法，指针灸，用金属或石头做的针刺入一定的穴位治病)之所及也；在肠胃，火齐(用火煎汤药。齐：通"剂"，配合而成的药，音jì)之所及也；在骨髓，司命(传说中掌管人生命的神，这里比喻生命的要害)之所属，无奈何也。今在骨髓，臣是以无请也。"居五日，桓公体痛，使人索扁鹊，已逃秦矣。桓侯遂死。故良医之治病也，攻之于腠理。此皆争之于小者也。夫事之祸福亦有腠理之地，故曰："圣人蚤(通"早"，音zǎo)从事焉。"

译　文

扁鹊见到蔡桓公,站了一会儿说:"您有病在皮肤的表层,如果不治疗恐怕会加重。"桓侯说:"我没有病。"扁鹊出去了,桓侯说:"医生喜欢治疗没有病的人,以此作为自己的功劳。"过了十天,扁鹊又见到蔡桓公说:"您的病在肌肉和皮肤里了,如果不治疗将会更严重。"桓侯没有说话。扁鹊出去后,桓侯又不高兴了。过了十天,扁鹊又见到蔡桓公说:"您的病已经到了肠胃,如果不治疗将会更加严重。"桓侯没有说话。扁鹊出去后,桓侯很不高兴。又过了十天,扁鹊看见蔡桓公,转身就走。桓侯特意派人去问他,扁鹊说:"病在皮肤表层时,用药物热敷就能治好;在肌肉和皮肤里时,用针灸就能治好;在肠胃里时,用火煎汤药就能治好;在骨髓里,已经伤害到生命的根本,没有什么办法能救治了。今天他的病已经深入骨髓,所以我不再请求医治了。"过了五天,蔡桓公身体疼痛,派人去找扁鹊,扁鹊已经去了秦国。于是桓侯就病死了。所以良医治病,在病还在皮肤表层时就开始治疗。这是在事物处在萌芽阶段就争取解决的例子。事情的祸福也有像疾病在皮肤表层一样的初始形态,所以说:"圣人在事先开始着手准备。"

理　解

本文出自《韩非子·喻老》,讲述了扁鹊想在疾病还没有严重时为蔡桓公治疗,而蔡桓公拒绝治疗,最终死亡的故事,阐明了做事应提前准备、防患于未然的道理。

中医讲求"治未病",中国医学经典《黄帝内经》说:"上工治未病,不治已病。"意思是:最好的医生防止疾病的发生发展,而不是等到疾病已经发作了再去治疗。老子说:"天下难事必作于易,天下大事必作于细。"意思是说天底下的难事都是从容易的时候发展起来的,天下的大事都是从细小的地方一步一步形成的。疾病要及早治疗,我们做事情也要在开始的阶段就重视,好的开始是成功的一半,坏的事情也要提前预防,不要等到大难临头了,再去补救,这样就后悔莫及了。

国学常识

1.扁鹊:姓姬,氏秦,字越人,又叫秦越人,公元前407年出生,公元前310年去世,享年九十七岁。扁鹊是战国时著名的医学家,他奠定了中医学的切脉诊断方法,相传中医典籍《难经》为扁鹊所著。

2.蔡桓公:战国时期田齐的第三位国君。

3.《黄帝内经》:又称《内经》,中国最早的医学典籍,相传是黄帝所作,分为《灵枢》与《素问》两个部分,被称为中医典籍的始祖。

第五十一课
东郭牙中门而立

齐桓公将立管仲,令群臣曰:"寡人将立管仲为仲父,善(赞同)者入门而左,不善者入门而右。"东郭牙中门而立,公曰:"寡人立管仲为仲父,令曰善者左,不善者右,今子何为中门而立?"牙曰:"以管仲之智为能谋天下乎?"公曰:"能。""以断(绝断,裁决,这里引申为一个人果断的品质)为敢行大事乎?"公曰:"敢。"牙曰:"君知能谋天下,断敢行大事,君因专属之国柄(一国的政治大权)焉。以管仲之能,乘(利用,依仗)公之势以治齐国,得无危乎?"公曰:"善。"乃令隰(音xí)朋治内,管仲治外以相参(相互参合,彼此参与,这里指相互牵制)。

译 文

　　齐桓公想立管仲为仲父,命令群臣说:"我将立管仲为仲父,赞同的人进门站在左边,不赞同的人进门站在右边。"东郭牙站在门中间,齐桓公说:"我想立管仲为仲父,命令赞同的站在左边,不赞同的站在右边,现在您为什么站在门中间?"东郭牙说:"您认为管仲的智慧能谋取天下吗?"齐桓公说:"能。"东郭牙说:"您认为管仲的果断敢做大事吗?"齐桓公说:"敢。"东郭牙说:"您知道他的智慧能谋取天下,他的果断敢做大事,因而您将国家的权力都委托给他。以管仲的才能,依仗您的权势来治理齐国,能没有危害吗?"齐桓公说:"说得好。"于是任命隰朋管理内政,管仲负责外务,以互相牵制。

理　解

本篇出自《韩非子·外储说左下》,讲述了齐桓公立管仲为仲父,东郭牙中门而立,直言相谏的故事,展现了法家的思想主张。

法家重视"法""势""术"三者。所谓"法",是指制定法律来治理天下,主张以法为本,依法为教;所谓"势",是指权位、权力,"法"要依靠权力才能施行;所谓"术"是指君王约束下级的方法,使下级既相互合作,又相互制约,以此来约束下级的行为,并保证君王的权势不受威胁。

东郭牙所谏言的正是"术",管仲才智无双,如果将国家的全部权力都集于他一人之身,整个国家都不能约束他,国家的命运将由他一人决定,这样一来,国家的安定和发展就充满了不确定性,具有极大的风险,而且国君的权位也势必会受到威胁。所以,东郭牙既肯定了管仲的能力,又主张对管仲有所制约。

国 学 常 识

1.管仲:姓管,名夷吾,又名敬仲,字仲,史称"管子",春秋时期著名的政治家和思想家,担任齐国辅相,辅佐齐桓公成为春秋第一位霸主。

2.仲父:像对待父亲一样对待管仲。"仲"是管仲的字。

3.东郭牙:春秋时期齐国著名的谏臣,由管仲所推举。

4.隰朋:春秋时期齐国著名大夫,与管仲、鲍叔牙、东郭牙等一同辅佐齐桓公,在他们的辅佐之下齐国大治。

第五十二课
常胜之道

　　知胜有五:知可以与战不可以与战者胜,识众寡(军队力量配置的多少)之用者胜,上下同欲(同心)者胜,以虞(准备,防范,音yú)待不虞者胜,将能而君不御(牵制,干预)者胜。此五者,知胜之道也。故曰:知彼知己,百战不殆(危险,失败);不知彼而知己,一胜一负;不知彼,不知己,每战必败。

　　古之所谓善战者,胜于易胜者也。故善战者之胜也,无智名,无勇功,故其战胜不忒(差错,音 tè)。不忒者,其所措胜,胜已败者也。故善战者,立于不败之地,不失敌之败也。是故胜兵先胜而后求战,败兵先战而后求胜。善用兵者,修道而保法,故能为胜败之政(主持,主宰,这里指主宰战争的胜败)。

译文

　　有五个方面可以预见胜利:能够准确判断可以作战或不可以作战的一方会取得胜利;能够根据敌我双方的力量对比来配备自己兵力的一方会取得胜利;全军上

下同心协力的一方会取得胜利;以充足准备来对付毫无准备的一方会取得胜利;将领有才能而国君不擅自干预的一方会取得胜利。所以说:了解敌人也了解自己,才能常胜不败;不了解敌人而只了解自己,胜负可能各占一半;既不了解敌人也不了解自己的,每战必败。

　　古代所谓善于用兵的人,只是战胜了那些容易战胜的敌人。所以,善于用兵的人取得了战争的胜利,没有智慧过人的名声,没有勇武杀敌的战功,只是因为他在稳操胜券的时候不犯差错。不犯差错就能取胜,是因为他的措施本身就能确保胜利,他所战胜的是已经注定要失败的敌人。所以,善于用兵的人,让自己处于不败之地,而又不会放过任何使敌人失败的机会。所以,胜利的一方总是在先取得胜利的把握之后再去求战,失败的一方常是先去交战然后去想侥幸取胜。善于用兵的人,修明政法,严明法纪,所以能主宰胜败。

理　解

　　本篇文章节选自《孙子兵法》,主要谈战胜敌人的方法和道理。孙子认为,与敌人斗争不能靠侥幸,更不能凭借一腔热血,胜利是有方法和规律可循的。

　　首先,不去打无准备的仗,打仗之前,要先理智地判断敌我双方力量的对比、各自的优劣之处,有把握了再打,没有把握就不打。其次,将领不仅要有才能,还要能得到上级与士兵的充分信任,上下同心同德,而且,战争形势瞬息万变,将领必须有自主的权力。再次,战争的消耗巨大,必须举一国之力来支持,所以战争的根本是综合国力的比拼,只有国家经济繁荣、政治清明、法纪严明才能取得战争的最后胜利。

国学常识

1.《孙子兵法》：俗称《孙子》，是中国历史上第一本兵书，对中国古代军事思想的发展产生了深远影响，被人们尊奉为"兵经"。

2.孙子：孙武，名武，字长卿，春秋末期齐国人，中国著名的军事家、政治家，后人尊称为"兵圣""兵家至圣"等，著有《孙子兵法》。

骄主罢民者必败

　　魏武侯之居中山也,问于李克曰:"吴之所以亡者何也?"李克对曰:"骤(屡次)战而骤胜。"武侯曰:"骤战而骤胜,国家之福也。其独以亡,何故?"对曰:"骤战则民罢(停歇,抵制),骤胜则主骄。以骄主使罢民,然而国不亡者,天下少矣。骄则恣(肆意,放纵,音zì),恣则极物(穷极物欲,物欲膨胀);罢则怨,怨则极虑。上下俱极,吴之亡犹晚。此夫差之所以自殁(死,音mò)于干隧也。"

译　文

　　魏武侯当中山君的时候,向李克问道:"吴国灭亡的原因是什么?"李克回答说:"因为屡战屡胜。"魏武侯说:"屡战屡胜,是为国家造福,为何会导致亡国呢?"李克回答道:"战争频繁,百姓就厌战;屡次战胜,君主就骄傲。骄傲的君主役使厌战的百姓,不亡国是极少的。骄傲就会放纵,放纵就想极力满足自己的欲望;厌战就会产生怨恨,怨恨就会想方设法懈怠偷懒。君主骄傲与百姓的厌战都到达极致,吴国的灭亡算是晚的了。这就是夫差在干隧自杀的原因。"

理　解

本节出自《吕氏春秋·离俗览》,阐明了古代政治家对待战争的态度。老子说:"兵者,凶器也,圣人不得已而用之。"战争不管是出于什么目的,都有极大的破坏力,战争一旦爆发,生命就会遭到无情的践踏,国力也会被迅速消耗。所以,战争不能轻易发动,穷兵黩武,最终一定会失败。战争更加不能成为满足一己私欲的工具,只有出于保卫人民、维护正义的战争才是合理和必要的。

此外,故事还告诉人们骄傲的危害,当事业取得成功的时候,不可骄傲自大,骄傲会冲昏头脑,让人们不能理智地去判断事情,所以骄者必败。

国 学 常 识

1.魏武侯:魏氏,名击,又叫魏击,战国初期魏国国君,公元前395—前370年在位,是魏国的第二代国君。在继承王位之前,魏国曾攻占中山国,魏击被封为中山君。

2.中山国:战国时期的一个由北方游牧民族建立的国家,存在时间是公元前414—前296年。

3.李克:魏国著名政治家,曾任中山相。

4.夫差:春秋时期吴国末代国君,夫差好战,连年兴师动众,造成国力空虚。

第五十四课
辅车相依

　　昔者晋献公欲假(借)道于虞以伐虢(音 guó)。荀息曰:"君其以垂棘之璧与屈产之乘(马,音 shèng)赂虞公,求假道焉,必假我道。"君曰:"垂棘之璧,吾先君之宝也;屈产之乘,寡人之骏马也。若受吾币(泛指财物)不假之道将奈何?"荀息曰:"彼不假我道,必不敢受我币。若受我币而假我道,则是宝犹取之内府(储藏文书或财物的地方)而藏之外府也,马犹取之内厩(马棚,音 jiù)而著(同"贮",储存)之外厩也。君勿忧。"君曰:"诺。"乃使荀息以垂棘之璧与屈产之乘赂虞公而求假道焉。

　　虞公贪利其璧与马而欲许之。宫之奇谏曰:"不可许。夫虞之有虢也,如车之有辅(古代夹在车轮外旁的直木,用以增加车轮载重支力),辅依车,车亦依辅,虞、虢之势正是也。若假之道,则虢朝亡而虞夕从之矣。不可,愿勿许。"虞公弗听,遂假之道。荀息伐虢克(战胜,攻下)之,还反(通"返",返回)处三年,兴兵伐虞,又克之。荀息牵马操(拿)璧而报献公,献公说(通"悦",高兴,音 yuè)曰:"璧则犹是也。虽然,马齿(年龄)亦益长矣。"

故虞公之兵殆而地削者何也？爱小利而不虑其害。故曰：顾小利则大利之残也。

译　文

从前晋献公想向虞国借路去攻打虢国。荀息说："您如果用垂棘出产的玉璧和屈产出产的良马贿赂虞公，求他借道，他一定会答应。"晋献公说："垂棘出产的玉璧是先王留下来的宝物，屈产出产的良马是我的骏马。如果虞国收了我的财物却不借道怎么办？"荀息说："他如果不借道，一定不敢接受我们的财物。如果接受了财物而借道给我们，那么宝物就好像是从宫内的仓库取出而放到宫外的仓库里，良马就好像是从宫内的马厩取出而放在宫外的马厩中，您不必担忧。"献公说："好。"于是让荀息用垂棘出产的玉璧和屈产出产的良马贿赂虞公，求他借道。

虞公贪图玉璧和良马，想要答应。宫之奇劝谏说："不能答应。虞国有了虢国，就好像车有了辅，辅依附车，车也依附辅，虞国和虢国的形势就是这样。如果借道给晋国，那么虢国早上灭亡，虞国晚上也会跟着灭亡。这不行，希望您不要答应。"虞公不听，借道给了晋国。荀息讨伐并攻克了虢国，回来过了三年，又兴兵讨伐并攻克了虞国。荀息牵着良马拿着玉璧回报献公，献公高兴地说："玉璧还是原来的样子。尽管如此，马的年龄却是增长了。"

虞公兵败而国亡的原因是什么呢？是贪图小利而不考虑危害的结果。所以说：只顾小的利益就会残害大地利益。

理　解

本篇出自《韩非子·十过》，讲述了虞国君王因为贪图小利借道给晋国，导致虢国和自己本国灭亡的故事，说明了贪图小利的危害。

从道义上来说,贪图小利,往往就会违背正义;从事功上看,贪图小利就难以成就大的事业。孔子说:"小不忍,则乱大谋","见小利,则大事不成",一个人如果只顾眼前的利益,不顾长远的目标,往往没有大的出息。所以,当利益摆在面前时,应该首先考虑利益的取得是否合乎正义,是否会影响到更大目标的实现,如果利益的取得违背了正义,或者损害到更大的利益,就应当放弃眼前的利益。

成语辅车相依、唇亡齿寒都与这个故事有关,意思是两个事物之间互相依存,失去一方,另一方也难以自保,双方息息相关,所以应该荣辱与共。

国 学 常 识

1.晋献公:姓姬,名诡诸,春秋时期晋国君王,公元前 677—前 651 年在位。

2.虞国:春秋时期诸侯国,后被晋国所灭。

3.虢国:春秋时期诸侯国,后被晋国所灭。

4.荀息:春秋时期晋国著名相国。

5.垂棘:古代地名,属春秋晋国,以出产美玉著称。

6.屈产:古代地名,属春秋晋国,以出产良马著称。

7.宫之奇:虞国人,春秋时期政治家。

第五十五课
是非有处

夫弦歌鼓舞以为乐,盘旋揖让以修礼,厚葬久丧以送死,孔子之所立也,而墨子非之。兼爱、尚贤、右(崇尚,重视)鬼、非命,墨子之所立也,而杨子非之。全性保真,不以物累(牵连,妨碍)形,杨子之所立也,而孟子非之。趋舍(取舍,进退)人异,各有晓(明白,了解)心。故是非有处(处所,这里指适合自己的地方),得其处则无非,失其处则无是。

译文

以弹琴、唱歌、击鼓、跳舞进行乐教,以来回作揖谦让进行礼教,用丰厚的物品陪葬、长期服丧来送别死者,这是孔子所提倡的,而墨子反对。无差别地去爱人,无等级限制地去推崇贤人,重视鬼神的社会作用,反对命定、顺应四时,是墨子所主张的,杨朱则反对。保全天真本性,不受外物束缚,是杨朱所倡导的,而孟子反对。人人取舍不同,人人各有观念。所以是与非各有适合自己的地方,应用在适合的地方,就是正确的思想,应用在不适合的地方,就是错误的思想。

理　解

本篇出自《淮南子·氾论训》，表达了《淮南子》作者对待诸子百家开放多元与兼收并蓄的态度。

春秋战国时，中国大地上涌现出诸多闪耀着璀璨光辉的思想家，如老子、孔子、墨子、孙子、孟子、杨子、庄子、荀子、韩非子、公孙龙子等，他们所讨论的问题涉及哲学、宗教、政治、伦理、教育、军事等各个方面，各持观点，相互争辩，形成了儒家、道家、墨家、兵家、法家、名家等众多学派，这便是中国历史上著名的"百家争鸣"。在西汉早期，社会开始奉行黄老道家，主张平等地看待诸子百家的思想，兼采众家所长，《淮南子》正是这种思潮背景下产生的重要著作。

国 学 常 识

1.杨子：原名叫杨朱，战国时期著名的思想家，魏国人，道家杨朱学派的创始人。

2.黄老道家：黄帝学派与老子学派的合称，流行于西汉初期，主张采百家之长以经世致用。

楚狂接舆躬耕以食。其妻之市未返。楚王使使者赍(赠予,赏赐,音 lài)金百镒(古代的重量单位,一镒为二十两,音 yì)造门(上门,到别人家去),曰:"大王使臣奉金百镒,愿请先生治河南。"接舆笑而不应。使者遂不得辞而去。妻从市而来,曰:"先生少而为义,岂将老而遗之哉?门外车轶(车轮碾过的痕迹)何其深也!"接舆曰:"今者王使使者赍金百镒,欲使我治河南。"其妻曰:"岂许之乎?"曰:"未也。"妻曰:"君使不从,非忠也。从之,是遗义也。不如去之。"乃夫负釜甑(古代炊煮用具。釜:锅,音 fǔ。甑:蒸饭用的瓦器,音 zèng),妻戴纴(纺织,音 rèn)器,变易姓字,莫知其所之。《论语》曰:"色斯举矣,翔而后集。"接舆之妻是也。《诗》曰:"逝(同"誓")将去汝,适(前往)彼乐土。适彼乐土,爰(于是,音 yuán)得我所。"

 译 文

楚国狂人接舆自己耕田,自食其力。他的妻子去集市尚未返回。楚国君王派使者登门拜访,赠予黄金百镒,说:"大王让我奉上百镒黄金,希望请先生治理河南。"接舆微笑而不答应。使者没有得到回复,于是离开了。妻子从集市回来,说:"先生年轻时追求道义,怎能到老了却放弃了追求?门外车轮碾过的痕迹是多么深啊!"接舆说:"今天楚王派使者送来黄金百镒,想让我治理河南。"妻子说:"你答应了吗?"接舆回答说:"没有。"妻子说:"不服从君王的命令,是不忠。服从他,便又背弃了道义。不如离开。"于是接舆担着炊具,妻子背着纺织用具,隐姓埋名,不知去了何处。《论语》说:"路人脸色一变,野鸟便受惊高飞,然后再落下停在一处。"接舆的妻子就是如此。《诗经》说:"决心从此离开你,去那理想的乐土。那理想的乐土啊,才是安居的好去处。"

理 解

本篇出自《韩诗外传》,叙述了楚国狂人接舆拒绝出仕为官,与妻子避世归隐的故事,体现了中国古代道家隐士的高尚节操与生存方式。

道家与儒家不同。面对乱世,儒家主张积极有为,以自身的力量来推动社会的变革。而道家认为社会的治与乱自有它的规律,人的任何主观努力皆是妄为,所以当乱世来到时,人们既不必与乱世抗争,做无用之功,也不能放弃底线,同流合污,而应当远离乱世,隐居起来,明哲保身,以等待太平之世的到来。

国 学 常 识

1.接舆:春秋时期楚国隐士。

2.《论语》:儒家经典著作,记载孔子及其弟子的言行,作者是孔子的弟子与再传弟子,是了解和研究孔子最重要的著作。

第五十七课
竖谷阳献酒

荆恭王与晋厉公战于鄢(音 yān)陵,荆师(军队)败,恭王伤。酣战(持久激烈的战斗),而司马子反渴求饮,其友竖谷阳奉卮酒(一杯酒。卮:古代盛酒的器皿,音 zhī)进之。子反曰:"去之,此酒也。"竖谷阳曰:"非也。"子反受而饮之。子反为人嗜(贪求,爱好,音 shì)酒,甘之,不能绝之于口,醉而卧。恭王欲复战而谋事,使人召子反,子反辞以心疾。恭王驾而往视之,入幄(形如房子一样的帐幕,这里指军帐,音 wò)中,闻酒臭(醉酒后发出的味道。臭:音 xiù)而还,曰:"今日之战,寡人目亲伤。所恃(依仗,音 shì)者司马,司马又如此,是亡荆国之社稷而不恤吾众也。寡人无与复战矣。"罢师而去之,斩子反以为大戮(处死且陈尸示众)。故曰:竖谷阳之进酒也,非以端(果真)恶(憎恶,音 wù)子反也,实心以忠爱之,而适(刚巧)足以杀之而已矣。此行小忠而贼(伤害)大忠者也。故曰:"小忠,大忠之贼也。"

译　文

　　楚恭王与晋厉公在鄢陵作战,楚军战败,楚恭王受伤。在战斗激烈的时候,司马子反口渴想喝水,他的朋友竖谷阳捧着一杯酒献给他。子反说:"拿走!这是酒。"竖谷阳说:"不是酒。"子反接过来喝了。子反贪酒,觉得酒很甜美,一喝起来就停不下来,喝醉了就要睡觉。楚恭王想继续作战,要谋划战事,让人去叫子反,子反推辞说患有心病。楚恭王乘车去看望他,进入军帐,闻到酒味就返回了,说:"今天的战斗,我的眼睛都受伤了。我所依仗的正是司马,司马却这样,这是想让楚国灭亡而不爱惜我们的士兵啊。我不能再作战了。"于是撤兵返回,杀了子反陈尸示众。所以说:竖谷阳献酒,不是果真憎恶子反,而是真心地忠爱他,却刚巧害死了他。这就是奉行小的忠心,却伤害了大的忠心。所以说:"小的忠心是对大的忠心的伤害。"

理　解

　　本篇出自《韩非子·饰邪》,讲述了竖谷阳对朋友只行小忠而害死朋友的故事。子反是楚国司马,负责军事,在一次与晋国的战争中,子反口渴,竖谷阳知道子反爱酒,于是以酒代水给子反喝,子反酒醉,导致战争失败,子反也被处以死刑。

　　通过这个故事我们知道,对一个人不能毫无原则地去忠去爱,而要有理智地去忠爱。孔子曾说:"爱之,能勿劳乎? 忠焉,能勿悔乎?"意思是:爱护他,能不让他勤劳吗? 忠于他,能不劝他悔过吗? 所以,对待亲人、朋友或是上级,都不能感情用事,而应该符合理性的原则,否则就会事与愿违,好心办坏事。

国学常识

1.荆恭王:即楚恭王,也叫楚共王,春秋时期楚国君王,公元前590—前560年在位。楚国又名荆国。

2.晋厉公:春秋时期晋国君王,公元前580—前573年在位。

3.鄢陵:地名,在今天河南省许昌市鄢陵县。

4.子反:姓芈(mǐ),名侧,字子反,楚恭王的叔父,在楚国任司马一职。

第五十八课
子产与申徒嘉

申徒嘉,兀(断足,音wù)者也,而与郑子产同师于伯昏无人。子产谓申徒嘉曰:"我先出,则子止;子先出,则我止。"其明日,又与合堂同席而坐。子产谓申徒嘉曰:"我先出,则子止;子先出,则我止。今我将出,子可以止乎? 其未邪(同"耶",疑问词,音yé)? 且子见执政(掌管国家政事,子产是郑国执政大臣,以此自称)而不违(回避),子齐(同样,平等)执政乎?"

申徒嘉曰:"先生之门,固(通"胡",何故)有执政焉如此哉? 子而说(通"悦",喜欢)子之执政而后人(以别人为后,以自己为先,瞧不起人)者也! 闻之曰:'鉴(镜子)明则尘垢不止,止则不明也。久与贤人处,则无过。'今子之所取大者,先生也,而犹出言若是,不亦过乎!"

子产曰:"子既若是矣,犹与尧争善,计子之德,不足以自反邪?"申徒嘉曰:"自状(陈述,引申为辩解)其过,以不当亡者众;不状其过,以不当存者寡。知不可奈何而安之若命,唯有德者能之。游于羿之彀(张满弓,音gòu)中,中央者,中(射中,正着目标)地也;然而不中者,命也。人以其全足笑吾不全足者,众矣。我怫然(愤怒的样子。

佛:音 fú)而怒,而适先生之所,则**废然**(怒气消散的样子)而反(通"返",指回归正常)。**不知先生之洗我以善邪？吾与夫子游,十九年矣,而未尝知吾兀者也。今子与我游于形骸**(形体。骸:音 hái)**之内,而子索**(求取)**我于形骸之外,不亦过乎!"子产蹴然**(恭敬的样子。蹴:音 cù)**改容更貌,曰:"子无乃称!"**

译　文

申徒嘉是一个断了一只脚的人,与郑国的执政大臣子产是同学,一起在伯昏无人的门下学习。子产对申徒嘉说:"如果我先出门,你就留下;如果你先出门,我就留下。"到了第二天,子产又与申徒嘉在一个房间里,坐在同一张席子上。子产对申徒嘉说:"如果我先出门,你就留下;如果你先出门,我就留下。现在我要出门了,你是留下呢,还是先走呢？你见到执政大臣却不懂得回避,难道你的地位和我一样吗？"

申徒嘉说:"在先生的门下,怎么能把执政看得这么重呢？你自己稀罕执政的地位,却怎么能以此瞧不起别人呢！我听说:'镜子明亮,灰尘就不会在上面停留,灰尘停留住了,镜子也就不明亮了。长久与贤人相处,自己的过错就会被发现并改正。'如今你到这里来是获取大道,追随先生,却说出这样的话,不是过错吗！"

子产说:"你都成这副模样了,还敢和尧比较善德,你估量一下自己的德行吧,难道还不足以让你反省吗？"申徒嘉说:"自己辩解自己的过错,大多都认为自己的过错不足于让自己灭亡;不去为自己的过错辩解,认为自己的过错已经不能让自己生存下去,这样的人是很少的。知道结局自己无法改变,于是顺应命运的安排,只有有德的人才能做到。人生在世,好像处在羿的射程之中,中央是最容易被射中的地方,如果未被射中,那只是命好而已。拿自己有双脚笑话我这个断脚的人太多了。过去这常常让我勃然大怒,但是到了先生这里,我的情绪就平复了。不知先生是怎样用善道来洗涤我的心灵的？我跟随先生十九年了,早已忘记了断脚一事。如今你与我本应以内在的心灵相交,而你却拿外在的形体来要求我,这不是你的过错吗!"子产听了后,脸色顿时改变,恭敬地说:"请你不要再说下去了。"

理　解

本篇出自《庄子·德充符》,通过申徒嘉与子产的对话,来表达庄子的思想。庄子是道家代表,道家主张"齐物",即万物平等,万物以及人与人之间本来平等,贫富、美丑、贵贱都只是人为的结果,是个人的主观见解。就好像每个人的审美观不同,同一个东西,一个人认为是美的,而另一个人可能认为是丑的;同一件事情,在这个时代认为是错的,而在另一个时代可能认为是对的,所以这些判断都不真实。

在这篇对话中,子产瞧不起申徒嘉,不愿意和他走在一起,是因为子产是郑国执政大臣,自认为身份地位要高于作为平民的申徒嘉,自认为形体要美于残疾的申徒嘉。但是在申徒嘉看来,一个人的形体是美丽还是丑陋,地位是富贵还是贫贱,都是身外之物,昙花一现,终会消逝。世人因为美貌和富贵而骄傲,因为丑陋和贫贱而自卑,于是心灵被这些身外之物所束缚和纠结,变得不自由,而有德的人不去关注和追求这些,他们要摒弃外在的差别,深入思考生命的本真,顺其自然地变化而遨游于人世间。

国 学 常 识

1.子产:春秋时期政治家、改革家、思想家,郑国贵族,法家先驱,曾在郑国执政,通过改革推动郑国中兴。

2.羿:中国神话传说中的人物,据说羿是尧时代的人,是嫦娥的丈夫,擅长射箭,那时天空中有十个太阳,羿射下九个,从此天下风调雨顺。

庄子说剑

　　昔赵文王喜剑,剑士夹门(夹拥在门前,形容来的人很多,聚于门下)而客三千余人,日夜相击于前,死伤者岁百余人,好之不厌(满足)。如是三年,国衰,诸侯谋之。太子悝(音 kuī)患之,募(广泛征求)左右曰:"孰能说(游说,用话劝说别人,使其听从自己的意见,音 shuì)王之意止剑士者,赐之千金。"左右曰:"庄子当能。"太子乃使人以千金奉(赐予)庄子。庄子弗受,与使者俱往见太子,曰:"太子何以教周(庄子,姓庄,名周),赐周千金?"太子曰:"闻夫子明圣,谨奉千金,以币(资助,用财物来帮助)从者(随侍的人)。夫子弗受,悝尚何敢言!"庄子曰:"闻太子所欲用周者,欲绝王之喜好也。使臣上说大王,而逆王意,下不当(相称,符合)太子,则身刑而死,周尚安(疑问词,哪里)所事金乎? 使臣上说大王,下当太子,赵国何求而不得也!"太子曰:"然。吾王所见,唯剑士也。"庄子曰:"诺。周善为剑。"太子曰:"然。吾王所见剑士,皆蓬头突鬓垂冠,曼胡(粗犷而没有文理)之缨(用线或绳等做的装饰品,这里指帽缨,音 yīng),短后之衣(后幅较短的上衣,便于行动,多为武士之衣),瞋目(瞪大眼睛怒视,形容勇士的表情。瞋:音 chēn)而语难,王乃说之。今夫子必儒服而见王,事必大逆。"庄子曰:"请治剑服。"

治剑服三日,乃见太子。太子乃与见王,王脱白刃(锋利的刀剑)待之。庄子入殿门不趋(古代的一种礼节,小步快走,表示恭敬),见王不拜。王曰:"子欲何以教寡人,使太子先?"曰:"臣闻大王喜剑,故以剑见王。"王曰:"子之剑,何能禁制?"曰:"臣之剑,十步一人,千里不留行。"王大说(通"悦",高兴)之,曰:"天下无敌矣!"庄子曰:"夫为剑者,示之以虚,开之以利,后之以发,先之以至。愿得试之。"王曰:"夫子休,就舍,待命;令设戏,请夫子。"王乃校(考核,音jiào)剑士七日,死伤者六十余人,得五六人,使奉(用手捧物)剑于殿下,乃召庄子。王曰:"今日试使士敦剑(用剑)。"庄子曰:"望之久矣!"王曰:"夫子所御杖,长短何如?"曰:"臣之所奉皆可。然臣有三剑,唯王所用,请先言而后试。"

王曰:"愿闻三剑。"曰:"有天子剑,有诸侯剑,有庶人剑。"王曰:"天子之剑何如?"曰:"天子之剑,以燕谿(音xī)、石城为锋,齐、岱为锷(刀剑的刃,音è),晋、魏为脊,周、宋为镡(剑环,即剑柄与剑身连接处两旁突出的部分,音xín),韩、魏为夹(通"铗",剑把、剑柄,音jiá),包以四夷,裹以四时,绕以渤海,带以常山,制以五行,论以刑德,开以阴阳,持以春夏,行以秋冬。此剑直之无前,举之无上,案(通"按",按低,向下压)之无下,运之无旁,上决浮云,下绝地纪(维系大地的绳子,即大地,古人认为大地有大绳维系四角,使地有定位)。此剑一用,匡(纠正,匡正)诸侯,天下服矣。此天子之剑也。"文王芒然(茫然。芒:通"茫")自失,曰:"诸侯之剑何如?"曰:"诸侯之剑,以知勇士为锋,以清廉士为锷,以贤良士为脊,以忠圣士为镡,以豪杰士为夹。此剑直之亦无前,举之亦无上,案之亦无下,运之亦无旁,上法圆天,以顺三光

(日、月、星)，下法方地，以顺四时，中知民意，以安四乡(通"向")。此剑一用，如雷霆之震也，四封(四境，国家四周的边境)之内，无不宾服(服从)，而听从君命者矣。此诸侯之剑也。"王曰："庶人之剑何如?"曰："庶人之剑，蓬头突鬓垂冠，曼胡之缨，短后之衣，瞋目而语难，相击于前，上斩颈领，下决(断裂，折断)肝肺。此庶人之剑，无异于斗鸡，一旦(一天之间，表示在非常短的时间内)命已绝矣，无所用于国事。今大王有天子之位，而好庶人之剑，臣窃(私下里，用作谦词)为大王薄(轻视)之。"

王乃牵而上殿，宰人(掌管王室膳食的官员)上食，王三环之。庄子曰："大王安坐定气，剑事已毕奏矣。"于是文王不出宫三月，剑士皆服毙(自杀)其处也。

译　文

从前赵文王喜欢剑术，剑士蜂拥前来充当门客，有三千多人，每天在赵文王面前比试剑术，死伤的剑客每年都有百余人，赵文王喜爱剑术却没有得到满足。像这样过了三年，国力衰退，各国诸侯都在谋划攻打赵国。太子赵悝十分担忧，征求左右近侍说："谁能说服大王停止比试剑术，我赠予他千金。"左右近侍说："庄子能担当此任。"太子于是派人将千金赠送庄子。庄子没有接受，跟随着使者一道来见太子，说："太子有何见教，赐给我千金?"太子说："听说先生通达贤明，谨此赠予千金，用来资助您的随从。先生不接受，我还怎么说啊!"庄子说："听说太子是想让我来制止大王对剑术的喜好。让我去游说大王，如果违背了大王的心意，对下也未能符合太子的要求，那么我一定会遭受刑戮而死去，我还哪里用得上这些黄金呢?让我去游说大王，如果能合乎太子的要求，我在赵国还有什么得不到的呢!"太子说："的确如此。大王只见剑士。"庄子说："好的。我也善于用剑。"太子说："好的。大王所见的剑士，全都头发蓬乱，鬓毛突出，帽子低垂，帽缨粗实，穿着后幅较短的上衣,眼睛瞪大怒视,说话激愤而不流利,大王就喜欢这样的剑士。现在先生穿着读书人的衣服去见大王,事情一定会弄糟。"庄子说:"请为我制作剑士的服装。"

三天后剑士的服装制作好了,庄子来见太子。太子陪同庄子来见赵王,赵王拔出锋利的剑等待着庄子。庄子进入宫殿不依礼节趋行,见到赵王也不下拜。赵王说:"先生有何赐教啊,为何还让太子引荐呢?"庄子说:"我听说大王喜欢剑术,所以我以剑术来拜见大王。"赵王说:"你的剑术是怎么制服对手的?"庄子说:"我的剑,十步之内便可杀死一人,千里之内无人能够阻挡。"赵王非常高兴,说:"天下无敌了!"庄子说:"我运用剑术,先让人真假难辨,用剑的锋利击破对手的防御,待对手先发动露出破绽,然后再进攻,反而能先击杀对手。希望能够试一下我的剑术。"赵王说:"先生先到馆舍里休息等待,我下令安排好击剑比赛,再请先生。"赵王于是用了七天时间来考核剑士,死伤了六十多人,选拔出五六个人,让他们持剑在殿下等候,然后邀请庄子。赵王说:"今天请先生与这些剑士比试。"庄子说:"期待很久了!"赵王说:"先生所用之剑,长短怎么样?"庄子说:"我所用的剑长短皆可。然而我有三种剑,任凭大王选用,请让我先说明再比试。"

赵王说:"我愿意听一听这三把剑。"庄子说:"有天子之剑,有诸侯之剑,有庶人之剑。"赵王说:"天子之剑是怎样的?"庄子说:"天子之剑,把燕谿和石城当作剑锋,把齐国和泰山当作剑刃,把晋国和魏国当作剑脊,把周地和宋国当作剑环,把韩国和魏国当作剑把,把四境和四时当作剑鞘,把渤海和常山当作带穗,根据五行生克之道来运剑,用刑罚和道德来论断,开合符合阴阳变化,持守和行动都遵循春夏秋冬的自然之理。这把剑向前延伸没有尽头,向上高举无所阻挡,向下刺去没有什么能够承受,四方挥动没有物体能够靠近,向上能劈开浮云,向下能斩断大地。此剑一出,可以匡正诸侯,使天下顺服。这就是天子之剑。"赵文王一脸茫然,若有所思地说:"诸侯之剑是什么样的?"庄子说:"诸侯之剑,以智勇双全的人作剑锋,以清廉的人作剑刃,以贤良的人作剑脊,以忠诚高尚的人作剑环,以英雄豪杰作剑把。这把剑向前延伸也没有尽头,向上高举也没有什么能够阻挡,向下刺去也没有什么能够承受,四方挥动也没有物体能够靠近,向上效法天道的无穷,以此来顺应天上的日、月、星辰,向下效法大地的方正,以此来顺应春夏秋冬四季,居中则顺应民意,以此来安定四方。此剑一出,好像雷霆的震动,国境四周,无人不顺服而听从君王的命令。这就是诸侯之剑。"赵文王说:"庶人之剑是怎么样的?"庄子说:"庶人之剑,头发蓬乱,鬓毛突出,帽子低垂,帽缨粗实,穿着后幅较短的上衣,眼睛瞪大怒视,说话激愤而不流利,在人们面前相互击斗,向上可以斩断脖颈,向下可以切开肝肺。这就是庶人之剑,跟斗鸡没什么两样,顷刻间性命就没了,对国家没有什么用处。现在大王拥有天子之位,却喜好庶人之剑,我私下里为大王轻视这种做法。"

赵文王于是拉着庄子走到殿上,主管膳食的人送上饭菜,赵文王绕着饭菜走了三圈。庄子说:"大王请安静地坐下来,平定心气,剑术的事情我已经呈奏完毕了。"于是赵文王三个月没有出宫门见剑士,剑士在馆舍里纷纷自杀了。

理　解

本篇为《庄子·说剑》全文。赵文王喜欢看剑士比武,荒废国事,每次比武死伤无数,也浪费了许多国家有用之士,所以太子赵悝请来庄子劝谏赵文王。

庄子以赵文王喜欢的剑来比喻境界的差异,在言语上让赵文王容易接受,然后庄子向他阐述了天子之剑、诸侯之剑与庶人之剑的区别。天子之剑直指天下,顺应天地之道,以匡正天下为目标;诸侯之剑举贤任能,强国顺民,向内可安定本国,向外可称霸四方;庶人之剑只是逞匹夫之勇而已,对国家一点用处都没有。庄子认为,赵文王所喜好的剑只是庶人之剑,作为一国之君来说,如果只是喜好逞匹夫之勇,目光实在短浅,所以庄子希望他能够抛弃庶人之剑,立足诸侯之剑,迈向天子之剑。

庶人之剑、诸侯之剑与天子之剑,皆是就视域、眼界和志向来说。视域的大小、眼界的高低、志向的远近,既决定了一个人眼前所从事的事情,也体现了一个人的心理状态与精神境界,更决定了一个人未来事业所可能达到的高度。庶人之剑,局限于身边的琐碎之事,纠缠于小名小利的得失,注定没有什么大的出息;诸侯之剑,以国家、民族为视域,超越了个人的界限,心怀民族大义,舍己为人,将来可能为国家和民族做出贡献;天子之剑既超越了个人,也不局限于一国、一族,而是放眼于天下,顺乎大道,自在逍遥,是庄子所追求的至高至远的天地境界。

国 学 常 识

1.赵文王:战国时期赵国国君,也称赵惠文王,公元前298—前266年在位。

2.赵悝:赵国太子,赵惠文王之子。

3.岱:泰山的别称,也叫岱宗。

4.四夷:四方边远地区,东夷、西戎、南蛮、北狄的总称。

5.五行:木、火、土、金、水,古人用"五行"来理解万物的生成与变化。五行之间相生而相克:木生火、火生土、土生金、金生水、水生木;木克土、土克水、水克火、火克金、金克木。

6.阴阳:阴与阳是正反两面,阳代表进取、正面、温热等,阴代表退守、反面、寒冷等,任何事情都是阴阳相互结合的产物,都有阴、阳两面。阴、阳既相互包含,又相互对立,古人用阴、阳来理解万物的形成与变动。

7.常山:古北岳恒山的别称。

第六十课
太 极 图 说

　　周子曰：无极(天地未形成之前的混沌)而太极(万物形成的枢纽与根本)。太极动而生阳，动极而静；静而生阴，静极复动。一动一静，互为其根；分阴分阳，两仪(准则)立焉。

　　阳变阴合，而生水、火、木、金、土。五气顺布，四时行焉。五行，一阴阳也。阴阳，一太极也。太极，本无极也。五行之生也，各一其性。无极之真，二五之精，妙合而凝。

　　乾道(《周易》始卦，由六阳构成)生男，坤道(《周易》次卦，由六阴构成)生女，二气交感，化生万物。万物生生，而变化无穷焉。惟人也，得其秀而最灵。形既生矣，神发知矣，五性(仁、义、礼、智、信之"五常")感动而善恶分，万事出矣。圣人定之以中正仁义而主静，立人极(准则)焉。

　　故圣人与天地合其德，日月合其明，四时合其序，鬼神合其吉凶。君子修之吉，小人悖(违背道理)之凶。故曰："立天之道，曰阴与阳；立地之道，曰柔与刚；立人之道，曰仁与义。"又曰："原(推究)始反(类推)终，故知死生之说。"大哉易也，斯其至矣！

译　文

　　周敦颐说:宇宙起初是一片混沌,称为无极,混沌之中逐渐产生了太极,太极是无极的根本道理。太极的运动表现为阳的属性,运动到了极致会归于平静;平静是太极阴的属性,平静到了极致又再次运动起来。一动一静,相互作用,是太极的两种根本存在方式;在动与静的作用之下,太极分为阴与阳,这两种准则就这样确立了。

　　在变动与聚合的互相作用下,阴阳二气化生为水、火、木、金、土五气。五气按照一定的规律排列,春、夏、秋、冬四季也由此运行。五行源自于阴阳,阴阳源自于太极,太极源自于无极。五行产生万物,万物又各具五行之理。无极的至理,也表现在阴阳与五行之气中,他们奇妙地聚合而形成了万物。

　　阳气孕育了男性,阴气孕育了女性,阴阳二气相互感动,化生为千差万别的事物。万物又不断地自我孕育,世界变化无穷。在万物中,只有人得到了气的精华,最有灵性。人体一旦形成,就产生了精神,并能发挥出智慧,仁、义、礼、智、信这五种人的本性是否能被感动和培养,人性于是区分为善与恶,各种不同的事情也由此产生。面对这种情况,圣人以中庸、正直、仁爱、公义来规范人性,要求人们静心养德,于是人道得以确立。

　　所以,圣人的德行符合天地的要求,圣人的影响与日月一样光大,圣人确立的秩序符合四季运行的规律,圣人的规定符合神灵的吉凶标准。君子按照人道的要求修养能获得吉祥,小人做出违背人道的行为就会招致祸害。所以《易传》说:"天道根据阴阳得以确立,地道根据刚柔得以确立,人道根据仁义得以确立。"又说:"推究本原、类推终点,所以知晓生之所以生、死之所以死的学问。"《易》真的很伟大啊,将宇宙之理讲得这么透彻!

理　解

本篇文章是周敦颐对《太极图》的解释,《太极图》以图案的方式展现了宇宙从无极到人道的演化过程,《太极图说》是用文字对《太极图》加以说明与阐释。

周敦颐是北宋的哲学家,也是宋明理学的开创者,他吸取并总结了过去哲人,尤其是《易传》作者、老子等关于宇宙论的探讨,即从无极到太极、阴阳、五行、万物乃至于人的演化过程,着重强调了人道的意义。简单来说,中国哲学的内容可以分为天道与人道,天道即宇宙自然的发展规律,人道是人类社会治理与人生修养的智慧,不过,天道与人道又是统一的,天道是人道的根据,人道是天道的表现,天人合一。所以,儒家重视人道,讲伦理与政治,又不能离开天道,周敦颐的《太极图说》正是要阐明这个道理,说明儒家所倡导的"中正仁义"有先天的根据,是宇宙自然发展的必然结果,是天经地义的,是人们必须遵循的。

国学常识

1.周敦颐:字茂叔,世称濂溪先生,北宋哲学家、文学家,儒家理学思想的开山鼻祖,与邵雍、张载、程颢、程颐合称"北宋五子"。

2.《易》:儒家"六经"之一。《易》由卦与辞构成,相传伏羲氏画八卦,周文王演化六十四卦,每卦有六爻(yáo),《易》全书共六十四卦、三百八十四爻,每卦有卦辞,每爻有爻辞。孔子与弟子们研究《易》,写作了十篇研究《易》的文章,合称《易传》。